ERNST LOKOWANDT

Shintō

Ernst Lokowandt

SHINTŌ

Eine Einführung

iudicium

Eine Publikation der OAG Deutsche Gesellschaft für Natur- und Völkerkunde Ostasiens, Tokyo, im IUDICIUM Verlag.

Bibliografische Information
der Deutschen Nationalbibliothek

Die Deutsche Nationalbibliothek verzeichnet diese Publikation in der Deutschen Nationalbibliografie; detaillierte bibliografische Daten sind im Internet über http://dnb.d-nb.de abrufbar.

ISBN 978-3-89129-727-8

Dauthendeystr. 2, 81377 München

Druck: Totem, Inowrocław

www.iudicium.de

Inhaltsverzeichnis

Vorwort 7

I. Die Elemente des Shintō 11

1. Die Schreine 12
   a. Die Gemeinschaftsbezogenheit der Schreine 12
   b. Schreine als Orte privater Religiosität 13
   c. Priester und Gemeinden (*ujiko*) 15
   d. Die Schreingebäude 19
   e. Die Schreinfinanzen 20

2. Die Götter 22
   a. Götter- und Jenseitsvorstellungen 22
   b. Die Implikationen der shintoistischen Götterkonzeption 24
   c. Die Mythologie 27

3. Die Zeremonien (*saishi, matsuri*) 31
   a. Kultische Reinigung (*misogi, harai*) 32
   b. Das Speiseopfer 34
   c. Das Gebet 34
   d. Das Opfer 35

4. Der Glauben – Gläubigenvereine (*kō*) und Sekten-Shintō (*kyōha-shintō*) 36
   a. Glauben ohne Objekt 36
   b. Gläubigenvereine (*kō*) und Sekten (*kyōha*) 37
   c. Exkurs: Der Volksglaube 39

II. Shintō und Staat 42

1. Der Tennō 43
   a. Die historische Funktion des Tennō 43
   b. Die traditionelle Legitimation des Tennō 44
   c. Die Nachkriegsreformen und ihre Grenzen 45

2. Der Staats-Shintō 48
   a. Die Errichtung des Staats-Shintō 48
   b. Die Schreinpyramide 49

c. Einheit von Kult und Regierung (*saisei-itchi*) 50
d. Umwandlung zur Lehrreligion 52
e. Trennung von Kult und Lehre 53
f. Stärke und Funktionen des Staats-Shintō 56

3. Shintō und Staat heute 57
a. Reichsgründungstag (*kenkoku kinen no hi*) und Jahreszählung (*gengō*) 58
b. Neujahrsbesuche des Ministerpräsidenten in Ise 59
c. Der Kampf um den Yasukuni-Schrein 60
d. Die Erdbeschwichtigungszeremonie (*jichinsai*) von Tsu 65

III. Das Umfeld des Shintō 67
1. Einflüsse des Shintō auf Gesellschaft und Kultur des heutigen Japan 67
a. Naturverbundenheit 68
b. Optimismus und Verspieltheit 69
c. Gruppenorientiertheit 70
d. Relativismus 72
e. Formalismus 73

2. Exkurs: Von der Möglichkeit nonverbaler Wissensvermittlung 75
a. Von der Möglichkeit nonverbaler Wissensvermittlung 75
b. Von der Unangemessenheit theologisch-theoretischer Erklärungen 76

3. Die Geschichte des Shintō 78
a. Seit wann gibt es „Shintō"? 79
b. Die Vermischung mit dem Buddhismus 81
c. Der Yoshida-Shintō 82
d. Die Vermischung mit dem Konfuzianismus 85
e. Die Landeswissenschaften (*kokugaku*) 86

Zum Schluss 89

Anmerkungen 93

Literaturverzeichnis 98

Abbildungen 101

Vorwort

Der Shintō hat die unangenehme Eigenschaft, sich, ähnlich wie ein Regenbogen, Annäherungsversuchen zu entziehen. Etwas weniger poetisch ausgedrückt: Einzelne Aspekte oder Teilbereiche des Shintō in den Griff zu bekommen, mag gelegentlich mühselig sein, bereitet aber keine grundsätzlichen Schwierigkeiten. Dementsprechend findet man Arbeiten über Shintō-Architektur, den Staats-Shintō, Shintō-Mythologie, die Geschichte des Shintō und viele andere, meist enger gefaßte Themenbereiche. Der Versuch, etwas über „den Shintō" schreiben zu wollen, stößt demgegenüber auf die Schwierigkeit, daß, sofern man konkret bleiben will, das Thema sich ins Unendliche auszuweiten droht. Diese Gefahr besteht insbesondere dann, wenn man sich dem Shintō nicht durch teilnehmende Beobachtung, sondern aufgrund schriftlicher Quellen nähern will.

Eben deshalb habe ich stets respektvolle Entfernung zum eigentlichen Shintō gewahrt. Ich habe mich intensiv zunächst mit dem Staats-Shintō der Meiji-Zeit (1868–1912), und dann mit dem Verhältnis von Staat und Shintō im Nachkriegs-Japan befaßt. Hierbei ebenso wie bei der Behandlung einiger Aspekte des japanischen Kaisertums stützte ich mich überwiegend auf rechtliche Normen und hatte damit festen Boden unter den Füßen. Es war mir indes auch bei einer Konzentration auf die äußere, auf die öffentlich-staatliche Seite des Shintō nicht möglich, die religiöse Seite des Shintō völlig außer acht zu lassen.

Während meines zweijährigen Studienaufenthalts an der Kokugakuin Universität, einer der zwei Shintō-Universitäten Japans, hörte ich daher auch Vorlesungen über den Shintō; ich besuchte damals eine größere Zahl von Shintō-Schreinen und sprach mit deren Oberpriestern; ich kenne und halte Kontakt zu einer Reihe von Shintō-Wissenschaftlern; ich bin mit mehreren Shintō-Priestern befreundet; und vor allem lebe ich nunmehr seit über zwanzig Jahren in Japan und hatte in der Zeit Gelegenheit zu einer Vielzahl von Beobachtungen, von denen ich einige auch in Vorträgen und journalistischen Artikeln verarbeiten konnte.

All dies macht aus mir noch keinen Shintō-Wissenschaftler. Die Ergebnisse meiner Beschäftigung mit der öffentlich-staatlichen Seite des Shintō in Verbindung mit den Kenntnissen und Einsichten, zu denen ich mehr oder minder per Osmose gekommen bin, festigten bei mir jedoch die Überzeugung, daß ich nunmehr nicht nur in der Lage sein sollte, einen Überblick über den Shintō zu geben, sondern daß dies angesichts der privilegierten Position, in der ich mich in Japan so nahe bei allen Quellen befinde, eigentlich auch meine Pflicht sei.

Der ursprüngliche Plan sah einen Überblick über den Shintō von ca. 30 Seiten Länge vor, allgemeinverständlich, ohne jeglichen wissenschaftlichen oder sonstigen Ehrgeiz, ohne wissenschaftlichen Apparat, deswegen aber natürlich nicht minder richtig. Dann zeigte sich aber wieder einmal, daß Texte länger zu werden pflegen als man will, und daß bei der ursprünglichen Gliederung eine Reihe von Aspekten vergessen worden war. Diese Einführung in den Shintō ist also länger ausgefallen als sie hätte werden sollen; ansonsten ist aber alles bei der ursprünglichen Planung geblieben; insbesondere wurde versucht, die Darstellung so kompakt wie möglich zu halten. Dem eiligen Leser, der nur einen ersten Eindruck vom Shintō erhalten will, sei Teil I zur Lektüre empfohlen. Dort sollte er alles Wissenswerte erfahren. Immer noch einen der Kernbereiche des Shintō behandelnd, aber schon etwas spezieller ist Teil II „Shintō und Staat". Teil III gibt Zusatzinformationen zum Umfeld des Themas, sowie einige Betrachtungen mehr allgemeiner Art.

Die folgenden Ausführungen beruhen teils auf persönlichen Erfahrungen und Eindrücken. Wo dies der Fall ist, ist es nicht verschwiegen worden. Insbesondere beim Kapitel über Shintō und Staat wurden eigene Arbeiten herangezogen, worauf in Fußnoten hingewiesen wurde. Gelegentlich wurden hier Passagen teils sinngemäß, teils wörtlich übernommen, ohne daß dies jeweils angegeben worden wäre. Andere Quellen wurden grundsätzlich kenntlich gemacht. Da die Ausführungen aber zu einem großen Teil auf Erkenntnissen beruhen, die dem Autor per Osmose zugeflossen sind, war das oft nicht möglich. Die wichtigsten schriftlichen Erkenntnisquellen sind deshalb, ob im Text zitiert oder nicht, im Literaturverzeichnis aufgeführt.

Der Rechtshistoriker und Beamte im Kultusministerium Arashi Yoshindo sowie der Volkskundler und Shintō-Priester Sakura Satoru haben zahlreiche Fragen beantwortet und einzelne Passagen, die ich ihnen vorübersetzte, überprüft. Prof. Dr. Klaus Antoni, Tübingen, hat mir hilfreiche Ratschläge gegeben. Die Marburger Studentin der Biologie Christine Vogler, z. Zt. Austauschstudentin an der Tōyō Universität, hat das Manuskript auf Allgemeinverständlichkeit gelesen. Der Japanologe und Religionswissenschaftler Dr. Ulrich Pauly, der für die redaktionelle Betreuung der OAG-Veröffentlichungen zuständig ist, hat das fertige Manuskript wie immer sehr intensiv geprüft. Ich bin allen Genannten zu großem Dank verpflichtet. Das bedeutet kein Abwälzen von Verantwortung. Die Sicht der Erscheinungen und ihre Wertungen sind selbstverständlich von mir, und ich habe auch nicht jeden Ratschlag akzeptiert.

Tōkyō, im Januar 2001 Ernst Lokowandt

I. Die Elemente des Shintō

Für einen Angehörigen des westlichen Kulturkreises ist der Shintō nicht leicht zu verstehen. Die Hauptschwierigkeit besteht dabei nicht in irgendwelchen komplizierten Lehren oder Konzepten, sondern gerade in deren Abwesenheit. Der vom Christentum geprägte Abendländer wird hartnäckig und fast zwangsläufig nach etwas suchen, was es nicht gibt – und wenn er dann nichts findet, erklärt er den Shintō für undurchschaubar. Letzteres trifft allerdings nur dann zu, wenn er Glück hat. Hat er Pech, so wird er das Gesuchte finden – und den Shintō gründlich mißverstehen.

Schon relativ bald, nachdem ich begonnen hatte, mich für den Shintō zu interessieren, hatte ich gehört und gelesen, daß der Shintō sich vor allem dadurch von anderen Religionen unterscheide, daß er weder einen Gründer, noch eine heilige Schrift, noch eine festumrissene Glaubenslehre besitzt. Die drittgenannte Sonderheit ist ein gravierender Mangel, denn das christliche Glaubensbekenntnis ist für den Gläubigen ja doch sehr praktisch. „Ich glaube an Gott Vater, den Allmächtigen, Schöpfer Himmels und der Erde. Ich glaube an Jesus Christus, …“. Wer sein Glaubensbekenntnis einmal auswendiggelernt hat, weiß genau, was er glaubt und was nicht, er weiß genau, was orthodoxer Glaube ist und was Aberglaube.

Der Gedanke, daß es eine Entsprechung im Shintō nicht geben sollte, war so unvorstellbar, daß ich kurz nach Antritt meines Studienaufenthaltes an der Kokugakuin Universität in Tōkyō den mittlerweile verstorbenen Prof. Anzu Motohiko, einen der renommiertesten Shintō-Wissenschaftler, im Anschluß an eine Seminarsitzung fragte, wie denn das Credo des Shintō laute. Zu meiner Überraschung folgte auf diese Frage nicht ein auswendig vorgetragener monotoner Text, sondern Prof. Anzu rief seinen Assistenten zu Hilfe, und gemeinsam suchten die beiden ganz oben auf einem der großen Bücherregale herum, bis sie – nach relativ kurzer Suche – einen kurzen Text gefunden hatten. Nach der Kapitulation Japans hatte die amerikanische Besatzungsmacht wissen wollen, wie das Credo des Shintō laute, und so hatten sich einige Shintō-Wissenschaftler darangemacht, eines zu verfassen. Als ich diese Erklärung hörte, ist mir erstmals wirklich bewußt geworden, daß der Shintō ein Credo nicht besitzt.

Der Shintō besitzt also weder ein Credo noch einen Gründer, noch eine heilige Schrift. Was aber ist er positiv?

Man wird den Shintō als eine Mischung von viel Natur- mit etwas Ahnenkult charakterisieren können, beides angereichert mit einer starken politischen Komponente. Das ist zwar eine starke Vereinfachung, im Kern aber zutreffend und als erste, vorläufige Vorstellung vom Gegenstand ausreichend. Das anschaulichste Beispiel dürfte der Ise-Schrein[1] darstellen, in dem die Sonnengöttin verehrt wird, die zugleich die Ahngöttin des Kaiserhauses ist.

Im Mittelpunkt des Shintō stehen die Zeremonien, und wichtigster Ort der Zeremonien sind die Schreine.

1. Die Schreine

a. Die Gemeinschaftsbezogenheit der Schreine

Shintō-Schreine sind normalerweise für einen bestimmten Ort bzw. für eine Region „zuständig". Die Bewohner des jeweiligen Dorfes oder Stadtteils, des Kreises oder der Provinz, sind die Schutzbefohlenen (*uji-ko,* etwa „Gemeindekinder") ihres jeweiligen Schreines. Da die meisten Shintō-Götter, ähnlich wie die katholischen Heiligen, sich auf einen oder mehrere Bereiche menschlicher Tätigkeiten und Bedürfnisse spezialisiert haben, und da Shintō-Götter sich durch ein vollständiges Fehlen von Eifersucht[2] auszeichnen, werden oft auch andere Schreine aufgesucht. Die primäre Beziehung besteht aber – jedenfalls ursprünglich und im Prinzip[3] – zu dem geographisch zuständigen Schrein.[4]

Gemeinschaftsbezogen sind die Schreine aber nicht nur deshalb, weil sie für eine geographisch definierte Gemeinde zuständig sind. Auch die meisten, und vor allem die wichtigsten Zeremonien werden zugunsten der Gemeinschaft vollzogen: Bitten um und Dank für gute Ernten, Schutz vor Seuchen, Bitten um Frieden. Überhaupt äußert sich die Gemeinschaftsbezogenheit der Schreine wie des gesamten Shintō in einer Vielzahl von Aspekten. Bei den großen Schreinfesten, bei denen die Gottheit in einer Art geschlossener Sänfte (*mikoshi,* Abb. 1) durch ihren Bezirk getragen wird, ist die ganze Gemeinde beteiligt. Die rites de passage, wie der erste Schreinbesuch (*hatsu miyamōde,* Abb. 2) des Neugeborenen, bei dem er dem Schutz „seiner" Gottheit unterstellt und in die Schreingemeinde aufgenommen wird, oder das *Shichi-go-san*, das Fest für drei- und siebenjährige Mädchen und fünfjährige Jungen, bei dem die Gottheit über das Gedeihen des Kindes informiert und um fortwährenden Schutz gebeten wird, erscheinen zwar in erster Linie als Feiern der betroffenen Kinder und ihrer Eltern. Durch die Herstellung und Bekräftigung der Mitgliedschaft in der Schreingemeinde, und noch stärker vielleicht durch den Umstand, daß dasselbe Fest für Kinder derselben Altersstufen in gleichen Formen, an gleichen Orten und im selben Zeitraum begangen wird, sind sie zugleich aber auch gemeinschaftsstiftend bzw. -stärkend.

„Gemeinschaft“ beschränkt sich aber nicht auf die geographisch bestimmte. Schreine und Hausaltäre (*kamidana;* der Übergang ist fließend) am Arbeitsplatz können ebenfalls als geistige Mittelpunkte wirken. Man findet sie besonders häufig an gefährlichen Arbeitsplätzen wie Stahlwerken[5] oder auf Kriegsschiffen, aber auch auf Kaufhäusern und anderen Gebäuden (Abb. 3) sowie in jeder Art von Büros (Abb. 4).

b. Schreine als Orte privater Religiosität

Selbstverständlich bieten Schreine auch Raum für private Religiosität. Ohne diese könnten die Schreine auch ihre öffentlichen, gemeinschaftsbezogenen Funktionen nicht erfüllen. Die Übergänge sind fließend.

Wenn jemand einen Wunsch hat, wird er einen Schrein der auf sein Anliegen spezialisierten Gottheit aufsuchen, manchmal auch den für seinen Wohnort zuständigen Schrein, und wenn es ein dringlicher Wunsch ist, wird er beide und vielleicht zusätzlich noch weitere Schreine besuchen. Denn: Zwei Götter helfen sicherer als einer, und drei sind besser als zwei. Und da Shintō-Götter nicht eifersüchtig sind, kann man sich bei beliebig vielen Hilfe und Unterstützung sichern. Auch das Beten an verschiedenen, aber derselben Gottheit geweihten Schreinen ist nicht unüblich. In letzterem Falle, wenn man also ein Anliegen an eine der im ganzen Land mit Schreinen vertretenen Gottheiten hat, wird man aber normalerweise versuchen, sich an den Hauptschrein zu wenden. Denn wie im Geschäftsleben, so hat auch in der Religion die Zentrale mehr Macht als die Filialen in der Provinz.

Das eben Ausgeführte kann zu dem Mißverständnis führen, daß es zwei Kategorien von Schreinen gebe, Funktional- und Lokalschreine. Dem ist nicht so. Grundsätzlich, d.h. mit wenigen Ausnahmen, gibt es nur Lokalschreine. Die meisten dieser Schreine haben sich aber – zusätzlich zu ihrer Schutzfunktion für das jeweilige Dorf, die Stadt oder die Region – in einem oder mehreren Bereichen als besonders wirksam erwiesen. Diese besondere Wirksamkeit kann eine Eigenschaft der verehrten Gottheit sein. Tenjin beispielsweise ist der Gott der Wissenschaften und von daher auch für Aufnahmeprüfungen zuständig. Inari, ursprünglich für Reis und gute Ernten zuständig, hat sich mittlerweile zur Gottheit des Handels und allgemein des Geldverdienens gewandelt. Der Kriegsgott Hachiman hingegen, der ebenfalls landesweit an einer Unzahl von Schreinen verehrt wird, hat, nachdem die Ritterkaste der Samurai zu Beginn der Meiji-Zeit (1868–1912) abgeschafft worden ist und Japan sich nach dem 2. Weltkrieg zum Pazifismus bekehrt hat, seine ursprüngliche Funktion eingebüßt und fungiert heute eigentlich nur noch als Lokalgottheit. Neben diesen und anderen, nicht ganz so weit verbreiteten Funktionsgottheiten, geben viele Schreine an, in welchen Bereichen die in ihnen verehrte Gottheit besonders wirksam ist. Sehr oft zu finden sind hier Ehevermittlung, leichte Geburt, Familienglück, Gesundheit und Verkehrssicherheit.

Wenn man also eine Bitte hat, so kann man diese in einem stillen Gebet vortragen, man kann aber auch, am anderen Ende des Spektrums, die Durchführung einer Bittzeremonie in Auftrag geben. Eine der üblichsten Methoden, eine Bitte vorzubringen, ist das Opfern eines *ema* (wörtlich: Bilderpferd, Abb. 5). Das sind auf der Vorderseite bemalte Holztäfelchen[6], die man anstelle eines wirklichen Pferdes als Opfergabe darbringt. Konkret erwirbt man das *ema* im Schreinbüro oder an einem der Verkaufsstände (Abb. 6) auf dem Schreingelände, schreibt seinen Wunsch auf die Rückseite, oft mit Datum und Unterschrift, manchmal auch anonym, und hängt das Täfelchen dann an einem dafür vorgesehenen Ort (Abb. 7) auf dem Schreingelände auf. Diese Wünsche zu lesen, ist zwar nicht unbedingt guter Stil, es ist aber eine sehr interessante Lektüre. Am häufigsten findet man Bitten um das Bestehen von Aufnahmeprüfungen, oft auch um das Finden eines Ehepartners oder um gute Gesundheit. Auf einem der anrührendsten bat ein Kind in einem Schrein in Kamakura die Gottheit darum, daß seine Eltern sich wieder vertragen mögen. Und auf einem *ema* im Yasukuni-Schrein, in dem die japanischen Kriegstoten göttlich verehrt werden, betete ein (offenbar junger) Mann darum, daß er sich „im Wirtschaftskrieg mit den Weißen bewähren" möge.

Man besucht einen Schrein aber nicht nur dann, wenn man eine Bitte hat. So wie ein Kind seinen Großvater nicht nur dann besucht, wenn es Taschengeld braucht, sondern gelegentlich auch nur so, weil es sich unterhalten oder ganz einfach in seiner Nähe sein möchte, so besucht man gelegentlich auch einen Schrein, ohne etwas zu wollen. Der Anlaß mag der Abschied vor einer längeren Reise oder auch die Rückmeldung nach der Rückkehr sein, die Mitteilung eines Ereignisses in der Familie oder im Berufsleben, oder, wie gesagt, auch ganz ohne Anlaß nur der schlichte Wunsch, sich in der Nähe aufzuhalten.

Ich wohnte mehrere Jahre in direkter Nachbarschaft eines kleinen Schreins, auf dessen Spielplatz (Abb. 8) meine Tochter täglich spielte. Am Schrein vorbei führte ein Fußgängerweg zum Bahnhof. Mit anderen Worten, auf dem Weg zum Bahnhof war dieser Schrein mit einem minimalen Umweg zu erreichen. Es war eindrucksvoll zu sehen, wie viele Menschen – alte und junge, Männer und Frauen – den kleinen Umweg machten und vor dem Schreingebäude zu einem kurzen Gebet (Abb. 9, 10) anhielten. Allem Augenschein nach waren das nicht Menschen in Not, die in ihrer Verzweiflung nach dem letzten Strohhalm griffen, sondern Leute in Alltagssituationen, die auf dem Weg zur oder von der Arbeit, zum Einkaufen usw. einmal kurz vorbeischauten um guten Tag zu sagen, und die allenfalls allgemein um einen glücklichen Tag beteten. Ob, und wenn ja, worum hier aber auch gebetet worden sein mag, daß der Schrein seinen Besuchern einen religiösen, seelischen Halt bot, das scheint außer Frage zu stehen.

In diesem Zusammenhang muß auch erwähnt werden, daß Schreine ihrer ganzen Struktur nach für jedermann jederzeit leicht zugänglich sind. Es gibt keine festen Zeiten für Gottesdienste, zu denen man pünktlich erscheinen müßte und aus denen man, wenn man erst einmal darinnen ist, sich nicht vorzeitig wieder entfernen könnte. Einen Schrein, d.h. das Schreingelände, kann man jederzeit besuchen, und man kann ihn jederzeit wieder verlassen. Nicht nur das, man braucht noch nicht einmal ein Gebäude zu betreten; Platzängste können sich also gar nicht erst einstellen. Denn normalerweise bleibt man außen vor der Gebetshalle stehen, verbeugt sich zweimal tief, klatscht zweimal in die Hände,[7] verbeugt sich noch einmal tief und zieht sich dann zurück. Nur in besonders wichtigen Fällen findet eine elaborierte Zeremonie in der Gebetshalle statt, und dann, das sei zugegeben, kann man sich auch nicht vorzeitig absentieren.

c. Priester und Gemeinden (*ujiko*)

Priester gibt es im Shintō selbstverständlich, aber nicht an allen Schreinen. Es gibt in Japan z.Zt. ca. 80.000 Shintō-Schreine, aber nur 20.000 Priester,[8] von denen die knappe Hälfte an relativ wenigen mittleren und großen Schreinen Dienst tut. An diesen größeren Schreinen sind oft je fünf und mehr, an den wirklich großen sogar je 40 und mehr Priester beschäftigt. Auf der anderen Seite steht die große Zahl der priesterlosen Schreine; nur jeder siebente Schrein hat einen eigenen Priester.[9] Die priesterliche Versorgung der Schreine stellt sich in einem noch düstereren Bild dar, wenn man bedenkt, daß viele[10] Priester ihr Amt nur nebenberuflich ausüben; hauptberuflich sind sie Lehrer, Gemeindebeamte, Bauern usw. Zu erklären ist das Mißverhältnis von Schrein- und Priesterzahlen zum Teil daraus, daß die Priester kaum eine Funktion haben. Im Shintō besteht „kein grundsätzlicher Unterschied zwischen Priestern und Laien. Die Priester sind nicht notwendig als Mittler zwischen Gott und Mensch, ihre Tätigkeit könnte ruhig auch von jedem andern ausgeübt werden“[11]. Folglich sind die Priester auch nicht dem Zölibat oder ähnlichen Sonderregeln unterworfen. In der etwas überspitzten Formulierung des Oberpriesters des Hanazono-Schreins in Tōkyō-Shinjuku, Katayama Fumihiko, haben die Priester bloß die Aufgabe, dem Schreinbesucher den Weg zur Gottheit zu weisen.

Daneben haben die Priester aber doch auch eine wichtige Aufgabe, den Dienst an der Gottheit. Insbesondere sind hier zu nennen das Darbringen des morgendlichen Speiseopfers, bestehend aus (ungekochtem) Reis, Sake, Salz und Wasser, das Reinhalten des Schreingeländes und des Schreins, sowie die Durchführung der regelmäßigen Schreinfeste.

Aber auch im Verhältnis zu den Schreinbesuchern ist der Priester eben nicht nur „Wegweiser“. Wenn jemand ein besonderes Anliegen hat und deswegen eine (Bitt-)Zeremonie durchführen läßt, dann ist es der Priester, der die Zeremonie durchführt und das Gebet verliest. Die Beteiligung des Bittstellers beschränkt sich im Wesentlichen darauf, ein stilisiertes Opfer in Form eines *sakaki*-Zweiges, an dem einige gezackte Papierstreifen befestigt sind (*tamagushi*, s.u.), darzubringen. Und dann müssen Amulette verkauft, Fragen beantwortet, die Durchführung der großen Feste vorbereitet, falls diese mit Umzügen durch die Gemeinde verbunden sind, die Verkehrsregelung etc. mit der Polizei durchgesprochen, Kontakt mit den Gemeinde-Vertretern gehalten, im Falle eines großen Schreins die priesterlosen Schreine der Umgebung an deren Festtagen mitversorgt, und noch eine Unzahl zusätzlicher Nebenaufgaben wahrgenommen werden.

Qualifikation und Ausbildung der Priester richtet sich nach Größe und Rang des Schreins. Abgesehen von ein paar der allerwichtigsten Schreine ist das Priesteramt erblich. Das ist zwar 1871, als die Schreine zu staatlichen Institutionen erklärt wurden, offiziell verboten worden, das Verbot konnte aber auch damals schon nicht durchgesetzt werden; so schreibt Schiller 1935 (Erstauflage 1910) ganz selbstverständlich: „das Priesteramt ist ja gewöhnlich erblich“.[12] Nach dem Krieg ist das Priesteramt dann auch offiziell wieder erblich geworden.

Abgesehen von dieser Grundqualifikation hat der Dachverband der Shintō-Schreine (*jinja-honchō,* wörtlich: Schrein-Hauptamt) zwei je 5-stufige Rangfolgen festgelegt, von denen die eine sich nach der Ausbildung, und die andere sich nach dem Dienstalter richtet, und bestimmt, welchen Rang in jeder der zwei Hierarchien ein Priester mindestens besitzen muß, um ein bestimmtes Priesteramt in einem Schrein einer bestimmten Größe einnehmen zu können.[13] Mit anderen Worten: Schreine haben Ränge, und die Priester dieser Schreine sind selbstverständlich auch hierarchisch geordnet. Und das ganze muß in ein einheitliches System gebracht werden. Bei den ganz großen Schreinen ist die Rangfolge Oberpriester (*gūji*), Vize-Oberpriester (*gon-gūji*), *negi, gon-negi* und *shusshi.* Vize-Oberpriester gibt es nur an wenigen großen Schreinen. *Shusshi* gibt es an großen wie an kleinen Schreinen. Es sind Personen mit der Qualifikation zum Priesteramt, die aber, anders als die regulären Priester, nicht vom Dachverband der Shintō-Schreine ernannt, sondern direkt von ihrem jeweiligen Schrein als Lokalkräfte angestellt werden. Manchmal sind es die Söhne – seltener die Töchter – von noch amtierenden Oberpriestern, die ihre Lehr- bzw. Überbrükkungsjahre bis zum Rücktritt oder Tod ihres Vaters an einem anderen Schrein verbringen. Sehr oft ziehen es die Erbsöhne aber vor, solange wie möglich in einem „bürgerlichen" Beruf zu arbeiten. An den meisten Schreinen mit eigenen Priestern gibt es nur einen Oberpriester und eventuell noch mehrere *gon-negi,* seltener zusätzlich auch einen oder zwei *negi.*

Für die Ausbildung der Priester gibt es zwei Shintō-Universitäten, die Kokugakuin Universität in Tōkyō und die Kōgakkan Universität in Ise. Zusätzlich unterhalten für die niedereren Ränge mehrere große Schreine eigene Ausbildungsstätten. Auch die beiden Universitäten bieten Schnellkurse an. Besonderes Gewicht wird bei der Ausbildung auf die korrekte Durchführung der Zeremonien gelegt. Von daher gesehen macht auch die Erblichkeit des Priesteramtes Sinn. Denn wer von klein auf seinem Vater bei dessen Verrichtungen zugeschaut hat, der braucht nicht zu überlegen, ob er mit dem rechten oder mit dem linken Fuß beginnen muß, und dessen Körper knickt bei den Verbeugungen automatisch in den richtigen Winkel ein.

Die Gemeinden sind geographisch bestimmt. Es gibt zwar – wenn auch nicht überall – Gläubigenvereine (*kō,* s.u.), doch gehören diese in eine andere Kategorie. Gemeindemitglied wird man durch Geburt oder Zuzug. Eine der Taufe entsprechende Aufnahmezeremonie, bzw. eine entsprechende Willenserklärung gibt es nicht. Von daher ist die gelegentlich zu hörende Frage, ob Ausländer Mitglied des Shintō werden können, falsch gestellt. Im Shintō gibt es keine Mitgliedschaft, weder für Japaner noch für Ausländer. Und als Gemeindemitglied (*ujiko*) werden manchmal alle Einwohner des Gemeindebezirks angesehen, manchmal nur die, die sich damit einverstanden erklärt haben. So oder so werden Ausländer heute automatisch gleichbehandelt.[14] Damit stimmt überein, daß man auch als Ausländer nach Shintō-Ritus heiraten, seine Kinder an den rites de passage teilnehmen lassen, einem Schrein einen formellen, mit Zeremonien verbundenen Besuch abstatten, oder auch Bitt- oder sonstige Zeremonien durchführen lassen kann.

In diesem Zusammenhang ist vielleicht ein Wort über die Mission im Shintō angebracht. Als ich Anfang der 1970er Jahre zwei der damals angesehensten Shintō-Wissenschaftler fragte, ob der Shintō missionieren könne, antwortete der eine „aber selbstverständlich", und der andere „selbstverständlich nicht". Tatsächlich unterhielt der japanische Staat bis zum Kriegsende Schreine in seinen überseeischen Territorien, in Korea und in der Mandschurei, auf Taiwan, Sachalin und Saipan, sogar in den besetzten Gebieten von China und, nach dessen Eroberung, in Singapur. Diese Schreine sollten aber dazu dienen, die militärisch-politische Annexion religiös-kulturell abzustützen; mit Mission im üblichen Sinne des Wortes hatten sie nichts zu tun. Heute gibt es laut Auskunft des Dachverbands der Shintō-Schreine im Ausland sechs Shintō-Schreine auf Hawai, einen in Kalifornien und sechs in Brasilien. Ihre geringe Zahl und ihre Lage in Gebieten mit einem gewissen Anteil japanischstämmiger Bevölkerung zeigen, daß Missionstätigkeit nicht zum Shintō paßt, daß der Shintō, weil Volksreligion, auf Japan beschränkt ist, und daß sein Wirkungsbereich allenfalls auf Siedlungsgebiete von Japanern im Ausland ausgeweitet werden kann – wobei derartige Versuche allerdings immer einen etwas verkrampften Eindruck machen. Denn Mission setzt ja die Existenz eines ausformulierten theologischen Lehrsystems voraus.

Doch zurück zu den innerjapanischen Verhältnissen. Die Schreine samt ihrer Gemeinden bilden „religiöse Körperschaften" (*shūkyō hōjin,* wörtlich: religiöse juristische Person). Die allermeisten Schreine sind Mitglied des Dachverbandes der Shintō-Schreine, der ebenfalls eine religiöse Körperschaft ist. Dem Vorstand einer religiösen Körperschaft müssen laut Gesetz über die religiösen Körperschaften (*shūkyō hōjin-hō*) mindestens drei Personen angehören. Im Falle von Schreinen sind das normalerweise der Oberpriester, falls vorhanden der Vize-Oberpriester, und ein oder zwei Gemeindevertreter (*ujiko sōdainin*). Gemeindevertreter sind regelmäßig Mitglieder einiger alteingesessener Familien, die turnusmäßig das Amt ausüben. Es sind Männer in fortgeschrittenem Alter, die sich nach der Pensionierung neben anderen Ehrenämtern auch um die Belange ihres Schreins kümmern.

d. Die Schreingebäude

Der Eingang zum Schreingelände wird regelmäßig durch ein stilisiertes Tor, das *torii,* markiert (Abb. 11, 12). Bei großen Schreinen führt der Weg zu den Schreingebäuden auch durch zwei oder drei *torii.* Im Falle von Inari-Schreinen stehen soviele kleinere – und bei dieser Gottheit immer rote – *torii* auf dem Weg zu den Schreingebäuden, daß sie oft schon wie ein Korridor wirken. Kurz vor den Schreingebäuden, links oder rechts etwas abseits vom Weg, findet sich dann ein kleiner, oft überdachter Ort (*temizu-ya,* Abb. 13) mit fließendem Wasser (manchmal aus einer Quelle, normalerweise aus der Wasserleitung), mit einem Stein- oder sonstigen Becken sowie einer angemessenen Zahl von Schöpfkellen versehen, mittels derer man sich, bevor man mit der Gottheit in Kontakt tritt, kultisch reinigt. Konkret spült man sich Hände und Mund (Abb. 14), wobei man allerdings nie die Schöpfkelle direkt an den Mund setzen darf.

Der eigentliche Schrein besteht aus zwei, selten drei Gebäuden (Abb. 15). Vorgelagert ist die Gebetshalle (*haiden*), nach vorn weitgehend offen und über mehrere Stufen zu erreichen, die man aber nur betritt, wenn man aus irgendeinem Anlaß an einer Zeremonie teilnimmt. Bei den regulären Schreinfesten agieren dort die Priester. Hinter der Gebetshalle liegt das Allerheiligste, die Haupthalle (*honden*), die aber trotz ihres Namens und ihrer zentralen Bedeutung deutlich kleiner ist als die Gebetshalle. Gebets- und Haupthalle sind gelegentlich miteinander verbunden, dann aber durch einen Vorhang so abgetrennt, daß niemand in das Innere der Haupthalle sehen kann. Normalerweise sind es aber zwei separate Gebäude. Die Haupthalle darf nur von den Priestern betreten werden, bei großen Schreinen nur von Priestern ab einem bestimmten Rang. Denn in der Haupthalle befindet sich das *shintai,* wörtlich „Gottesleib", ein Gegenstand, der zugleich Symbol und Aufenthaltsort[15] der Gottheit ist. Bei einigen Schreinen ist der „Gottesleib" bekannt, im Ise-Schrein beispielsweise ist es ein Spiegel; im Yoshida-Schrein in Hagi, wo der Ideologe und geistige Wegbereiter der Meiji-Restauration (1868) Yoshida Shōin (1830–1859) verehrt wird, ist es – einem Gelehrten angemessen – der Tusch-Reibstein, den er zu Lebzeiten benutzt hat. Sehr oft aber wird geheimgehalten, in was für einem Gegenstand die Gottheit ihren Aufenthalt nimmt.

Bei einigen Schreinen liegt zwischen Gebets- und Haupthalle als drittes Gebäude noch das *heiden,* die Halle für Opfergaben, die enger als die beiden anderen Gebäude ist und oft wie eine Art erweiterter Korridor wirkt.

Vor der Gebetshalle steht ein überproportionierter hölzerner Opferkasten (*saisen-bako,* Abb. 17), der oben mit Stäben gegen eventuelle Selbstbedienung gesichert ist. Wegen der zentralen Bedeutung des Opfers (s. u.) ist der Opferkasten ein unentbehrlicher Bestandteil der Gesamtschreinanlage. Ob seine Größe als Ausdruck des dem Shintō eigenen Optimismus zu werten ist, sei dahingestellt. Noch vor dem Opferkasten stößt man oft auf ein dickes herabhängendes Seil, an dem oben eine Schelle befestigt ist (Abb. 18). Für die meisten Schreinbesucher ist diese Schelle ein Mittel, sich der Gottheit bemerkbar zu machen. Priester ziehen eine mehr vergeistigte, komplizierte Interpretation vor.

Die genannten Gebäude sind so etwa die Minimalausstattung eines Schreins. Mit der Größe des Schreins steigt auch die Zahl und die Vielfalt der Nebengebäude. Neben Schreinbüro, Priesterwohnung und Verkaufsständen für Amulette, Horoskope usw. seien hier nur zwei der wichtigsten genannt: Das eine ist eine Bühne (Abb. 19), die bei Gebrauch an drei Seiten offen ist, und auf der bei besonderen Anlässen Sakraltänze theatralischen Charakters (*kagura*), meist Pantomimen, manchmal auch mit Text, als Opfergabe für die Gottheit vorgeführt werden. Und dann findet sich in praktisch allen Schreinen, deren Gelände nicht allzu eng ist, eine Reihe von Neben-Schreinen, *sessha* und *massha* genannt (Abb. 20; s. auch Abb. 12 und 22), die immer nur aus einem Gebäude bestehen, das von den Schreinbesuchern nie betreten wird, und die im Falle der *massha* auch viel zu klein sind, als daß ein Mensch hineinpassen könnte. Es sind dies Außenstellen anderer Schreine, deren Gottheiten man so praktischerweise gleich mit aufsuchen kann.

e. Die Schreinfinanzen

In Japan sind Staat und Religion getrennt, folglich gibt es auch keine Kirchensteuer. Gewiß führen die Nachbarschaftsvereinigungen (*chōnaikai* oder *jichikai*) einen kleinen Teil ihrer niedrigen Mitgliedsbeiträge an ihren jeweiligen Schrein ab. Da diese Praxis aber spätestens seit den 1970er Jahren als Verstoß gegen das Trennungsprinzip und gegen die Glaubensfreiheit kritisiert wird, ist man vielfach dazu übergegangen, den Schreingemeindebeitrag nur von den zahlungswilligen Gemeindemitgliedern einzusammeln. Angesichts der niedrigen Beträge und vor allem des allgemeinen Desinteresses sind diese Einnahmen aber so gering, daß man sie vernachlässigen kann.

Die Gebühren, die an Schreinen für die Durchführung von Zeremonien etc. verlangt werden, sind niedrig. Und im Unterschied zu sehr vielen buddhistischen Tempeln erheben die Schreine kein Eintrittsgeld.

Die Einnahmen aus den Opferkästen und der Erlös aus dem Verkauf von bemalten Holztäfelchen (*ema,* s.o.), Amuletten und Horoskopen usw. fallen je nach Größe und Berühmtheitsgrad des Schreins völlig unterschiedlich aus. Mit gestiegener Mobilität wird die Bindung zum Lokalschrein immer schwächer: Nach einem der häufigen Umzüge wird man sich, wenn man überhaupt aus irgendeinem Anlaß einen Schrein besuchen will, im Zweifelsfall nicht für den an sich zuständigen Lokalschrein entscheiden, wie dies die Alteingesessenen tun, sondern eher einen etwas entfernter gelegenen, aber großen und berühmten Schrein aufsuchen. Dank des ausgezeichneten öffentlichen Verkehrsnetzes in den Städten und dem Auto auf dem Lande ist dies ohne Schwierigkeiten möglich. Die Folge ist eine ausgeprägte Polarisierung der Schreine auch auf finanziellem Gebiet. Während die kleinen Schreine kaum Einnahmen aus ihren Opferkästen haben und Amulette usw. oft noch nicht einmal zum Verkauf anbieten, erzielen die mittleren und großen Schreine beträchtliche Einnahmen aus dem Verkauf von Holztäfelchen, Amuletten und Horoskopen, und die großen Schreine auch aus den Opferkästen. Besonders ertragreich sind die Opferkästen in den Neujahrstagen. Dann erzielen selbst mittlere Schreine schon Einnahmen in Höhe von mehreren 100.000 DM, und die ganz großen Schreine kommen gar auf je mehrere Millionen.

Trotzdem: Die „religiösen" Einnahmen der Schreine insgesamt sind bei den kleinen Schreinen kümmerlich und auch bei den großen Schreinen oft genug unzureichend. Die Schreine brauchen zusätzliche, „weltliche" Einnahmequellen. Eine Methode des Geldverdienens ist die Vermietung von Parkplätzen. Die Grundstücke der Schreine sind oft so großzügig bemessen, daß man problemlos einen Teil abtrennen kann. Und zumal in den Großstädten sind Parkplätze sehr teuer. Eine weitere, sehr oft anzutreffende Methode ist Restaurationsbetrieb. Seit im Jahre 1900 der japanische Kronprinz, der spätere Kaiser Taishō, in einer Shintō-Zeremonie geheiratet hat, sind Shintō-Hochzeiten üblich geworden. Neuerdings haben zwar christliche Hochzeiten die shintoistischen weit überrundet,[16] die absolute Zahl der Hochzeiten in Shintō-Formen ist aber immer noch beträchtlich, und von diesen wird ein gewisser Anteil in den Schreinen durchgeführt (die anderen in Hotels und in den sog. Hochzeitspalästen). Die Gebühren für die Zeremonie selbst sind gering; das anschließende Bankett aber ist teuer, und daran kann man verdienen. Viele Schreine haben deshalb als Haupteinnahmequelle auf ihrem Gelände ein Extragebäude (Abb. 21) mit Bankettsälen, Umkleide- und Warteräumen, Fotoatelier usw. für die Durchführung von Hochzeiten errichtet.

Steuerlich sind die Schreine – wie alle religiösen Körperschaften – sehr günstig gestellt. Die „religiösen" Einnahmen (Gebühren für Zeremonien, Opfer, Spenden usw.) sind steuerfrei. Von den kommerziellen Einnahmen (Restaurationsbetrieb, Vermietung von Parkplätzen etc.) bleibt ein bestimmter Prozentsatz steuerfrei, und der verbleibende Teil unterliegt einer niedrigeren Körperschaftssteuer als bei anderen juristischen Personen. Von der Immobiliensteuer sind die Schreine ebenfalls befreit, und Erbschaftssteuer fällt selbstverständlich auch nicht an. Die sehr hohen Spitzensteuersätze bei der Erbschaftssteuer in Verbindung mit den hohen Bodenpreisen haben in den Großstädten dazu geführt, daß Grünflächen in Privatbesitz (Villen mit großen Gärten, etc.) fast völlig verschwunden sind. Zahl und Fläche der öffentlichen Parks sind absolut ungenügend. In dieser traurigen Lage ist es zu einem nicht geringen Teil den Schreinen und Tempeln – bzw. deren steuerlicher Privilegierung – zu verdanken, daß es in den Großstädten überhaupt noch Grünflächen gibt.

2. Die Götter

Die Schreine sind nicht nur äußerlich leicht zugänglich, sie sind es auch inhaltlich. Religiöse Kenntnisse, gleich welcher Art, sind nicht erforderlich. Von der jeweils verehrten Gottheit ist normalerweise nur der Name bekannt, und selbst das nicht immer. Es gibt auch Götter, die nur nach ihrem Wohnort benannt wurden (Hakone *ni mashimasu kami,* die Gottheit von Hakone). Und selbst wo der Name bekannt ist, ist das dann oft auch alles, was der Gläubige, besser wohl: der Schreinbesucher, weiß. In einigen Schreinen ist auch die offiziell von den Schrein-Priestern verehrte Gottheit nicht identisch mit der tatsächlich, von den Gläubigen verehrten Gottheit. Ein gutes Beispiel bietet der Mitsumine-Schrein in der Präfektur Saitama. Offiziell wird dort das Urgötterpaar Izanagi no mikoto und Izanami no mikoto verehrt. Tatsächlich aber interessiert die Gläubigen nur der „Berghund" (*yama-inu,* Abb. 22), also der Wolf, dessen Amulett sie sich zum Schutz gegen Diebe und Feuer für jeweils ein Jahr ausleihen.

a. Götter- und Jenseitsvorstellungen

Die besonderen Fähigkeiten, die Wirksamkeit einer Gottheit – hier der Schutz gegen Diebe und Feuer – sind wichtig; alles andere, der historische Hintergrund, der „Lebenslauf" einer Gottheit, interessiert allenfalls die Priester. Und die Einordnung in die Welt der Götter, die Beziehung einer Gottheit zu den anderen Göttern, ist vollends unbekannt. Das ist auch nicht anders möglich. Denn gewiß, jedermann weiß (oder sollte wissen), daß Susanowo no mikoto der jüngere Bruder der Sonnengöttin Amaterasu ōmikami, und daß letztere die Schwester des Mondgottes Tsukiyomi no mikoto ist. In welcher Beziehung aber steht der Gott der Wissenschaft Tenjin zu den Göttern des Shintō-Pantheons? Der Hofadlige und Staatsmann Sugawara no Michizane (845–903), schon zu Lebzeiten als Kalligraph, Literat und Gelehrter geschätzt, unterlag im politischen Machtkampf und wurde nach Nord-Kyūshū in die Verbannung geschickt, wo er verbittert starb. Aus Angst vor der Rache seines Geistes wurde ihm 947 in Kyōto-Kitano ein Schrein gewidmet. Heute ist er eine der wichtigsten und populärsten Gottheiten des Shintō. Eine Beziehung zu Amaterasu ōmikami und den anderen Göttern des Shintō-Pantheon kann aber naturgemäß nicht bestehen.

Noch deutlicher verhält es sich mit dem Meeres- und Regengott Konpira, der Göttin des Gesangs und des Reichtums Benten, dem Nahrungs-, Küchen- und Glücksgott Daikoku sowie den anderen Hindu-Göttern, die gemeinsam mit dem Buddhismus, meist als dessen Schutzgottheiten, ins Land gekommen sind, und die sich im Laufe der Zeit zu Shintō-Göttern gewandelt haben. Daß bei ihnen eine Beziehung zu den ursprünglichen Göttern des Shintō-Pantheon nicht bestehen kann, liegt auf der Hand. Das hindert nicht, daß Daikoku oft mit Ōkuninushi no mikoto vermengt wird[17], und daß auch die anderen Götter voll in den Shintō integriert sind.

Wie von den einzelnen Göttern, so sind auch die Vorstellungen von der Welt der Götter und vom Jenseits durchaus unklar. Aus den Mythen ergeben sich zwei, drei verschiedene, parallel nebeneinander bestehende Vorstellungen, die aber, anders als beispielsweise Himmel und Hölle in der christlichen Vorstellung, nicht miteinander koordiniert sind. Zunächst zu den Göttern: Diese haben ihr Reich oben, im „hohen Himmelsgefilde“ (*takamagahara*), wohnen aber auch jenseits des Meeres in *tokoyo no kuni,* und einige auch in der Unterwelt in *yomi no kuni*. Zusätzlich ist unsere Welt, die Welt der Menschen, ebenfalls voller Götter.

Für die Toten ist das „hohe Himmelsgefilde“ nicht erreichbar. Die Toten erwartet entweder das *tokoyo no kuni* oder das *yomi no kuni.* Ersteres liegt auf derselben Ebene wie das Diesseits, weit entfernt, je nach Quelle jenseits des Meeres, auf dem Meeresgrund oder in den Bergen. Es ist manchmal ein erfreulicher, paradiesischer Ort, in den aber, anders als beim christlichen Paradies, alle Toten eingehen, unabhängig von ihrem irdischen Lebenswandel. Manchmal ist es ein finsterer Ort, in dem ständige Nacht herrscht. Am häufigsten aber ist der Aufenthalt im *tokoyo no kuni* eine Fortsetzung des Lebens im Diesseits, also gemischt. Die zweitgenannte Alternative für das Jenseits, das *yomi no kuni,* ist regelmäßig unten angesiedelt, ein finsterer, schmutziger, unerfreulicher Ort, in den aber ebenfalls wieder, anders als bei der christlichen Hölle, alle Toten eingehen. Zusätzlich gibt es noch das *ne no kuni,* das manchmal mit dem *tokoyo no kuni,* manchmal mit dem *yomi no kuni* übereinstimmt, mal jenseits des Meeres, mal unter der Erde, mal erfreulich, mal düster. Und um die Verwirrung voll zu machen, sei angemerkt, daß es im Shintō zusätzlich auch noch die Vorstellung von der Belohnung des Guten und Bestrafung des Bösen im Jenseits gibt. Dieses Durcheinander, dieses Nebeneinander von sich gegenseitig ausschließenden Vorstellungen zeigt wohl nur eines: Der Shintō ist am Jenseits nicht interessiert, für den Shintō ist nur das Diesseits, ist nur das Hier und Heute wichtig.

Doch zurück vom Jenseits und der Welt der Götter zu den Göttern selbst, genauer zur Gottesvorstellung. Eine Besonderheit ist die große Zahl der Götter, die traditionellerweise mit *yaoyorozu* (800 Myriaden) angegeben wird. Diese Zahl ist natürlich nur eine Chiffre, denn im Shintō ist zwar nicht alles göttlich, aber alles kann göttlich sein oder es werden[18]: Die ursprünglich in den Mythen genannten Götter, Naturerscheinungen wie Sturm und Gewitter, Menschen, Tiere und Bäume, sogar Berge und Steine. Die Implikationen dieser Götterkonzeption sollen im Kontrast mit den christlichen Vorstellungen aufgezeigt werden.

b. Die Implikationen der shintoistischen Götterkonzeption

Zunächst ist festzuhalten, daß Shintō-Götter keines der drei Attribute des christlichen Gottes aufweisen: Sie sind weder allmächtig, noch allwissend, noch unbedingt gut. Sie sind noch nicht einmal alle unsterblich. Zum erstgenannten Punkt stelle man sich nur das Chaos vor, das eine Vielzahl von je allmächtigen Göttern verursachen würde!

Sodann besteht im Shintō eine kontinuierliche Folge gradueller Unterschiede, wo in der christlichen Weltsicht zwei radikale Zäsuren Gott von den Menschen, und diese von Tieren, Pflanzen und unbelebter Materie trennen. Im Christentum ist der Mensch Geschöpf Gottes, niemals kann er Gott werden. Auch die Heiligen im Katholizismus sind keine Ausnahme; auch sie sind und bleiben Geschöpfe Gottes, und sie können einem Bittenden auch nicht direkt helfen, sondern nur dadurch, daß sie bei Gott Fürbitte leisten. Im Shintō dagegen ist die Grenze zur Göttlichkeit durchaus durchlässig. Insbesondere werden Menschen vergöttlicht, die sich um das Kaisertum und/oder um den Staat Verdienste erworben, sowie Menschen, die unter unglücklichen Umständen ihr Leben verloren haben. Die beiden Kategorien überschneiden sich naturgemäß oft. So finden sich denn unter den Shintō-Göttern der bereits erwähnte Sugawara no Michizane; die drei Reichseiniger des 16. Jahrhunderts Oda Nobunaga (1534–1582), Toyotomi Hideyoshi (1536–1598) und Tokugawa Ieyasu (1542–1616); der Feldherr Kusunoki Masashige (gest. 1336), der mit großer Loyalität und großem Geschick, aber vergeblich gegen den Begründer des Muromachi-Shogunats Ashikaga Takauji (1305–1358) kämpfte, um dem Kaiser Godaigo (1288–1339) die Direktherrschaft über das Reich zu sichern; der oben genannte Ideologe Yoshida Shōin, dessen Schule eine ganze Generation konservativer Revolutionäre herangebildet hat, die dann 1868 die Meiji-Restauration durchgeführt und den neuen Meiji-Staat aufgebaut haben; General Nogi Maresuke (1849–1912) und Admiral Tōgō Heihachirō (1847–1934), die Helden des Russisch-Japanischen Kriegs; und die Opfer der Meiji-Restauration der kaiserlichen Seite, sowie die japanischen Opfer der Kriege, an denen Japan seit der Meiji-Zeit beteiligt war. Die große Zahl der Kriegstoten, bei denen es sich zudem ganz überwiegend um normale Durchschnittsjapaner handelt, zeigt wohl besonders deutlich, wie durchlässig, wie fließend im Shintō die Grenze zwischen Göttlichem und Humanem ist.

Die Vergöttlichung von Menschen ist keine Frage der Vergangenheit, sie findet auch heute statt. Wer als Angehöriger der Selbstverteidigungsstreitkräfte in Ausübung seines Dienstes – und sei es auch bei einem Verkehrsunfall – ums Leben kommt, wird in den Kreis der Götter eingereiht. Am deutlichsten aber verkörpert der Tennō den fließenden Übergang zwischen Menschen und Göttern: Bis zum Ende des 2. Weltkriegs galt er als lebender, gegenwärtiger Gott (*arahitogami* oder *akitsumikami*). Dies implizierte nicht, daß er als mit übernatürlichen Kräften ausgestattet oder gar als unsterblich gedacht worden wäre. Seine natürlichen Grenzen wurden als selbstverständlich hingenommen. Ein Widerspruch zwischen ihnen und seiner Göttlichkeit wurde nicht gesehen.

Im Christentum besteht nicht nur ein unüberwindlicher Unterschied zwischen Gott und Mensch, sondern auch zwischen Mensch und Natur. Der Mensch wurde als Ebenbild Gottes erschaffen, was ihm eine besondere Würde verleiht, und er wurde beauftragt, sich die Natur untertan zu machen. Zwischen Mensch und Natur besteht da ebenfalls ein qualitativer und in beiden Richtungen unüberwindlicher Unterschied. Nicht so im Shintō. Nach dessen Götterkonzeption ist die Grenze zwischen Mensch und Natur, bis hin zur unbelebten Materie, ebenso fließend wie die Grenze zwischen Göttern und Menschen. Wenn neben den ursprünglichen Göttern nicht nur Menschen, sondern wenn auch Tiere wie Bäume, Wasserfälle wie Berge Götter sein oder werden können, dann zeigt dies, daß ein grundsätzlicher Unterschied zwischen Mensch und Natur nicht besteht. Das jeweilige Lebensgefühl, das sich aus dieser unterschiedlichen Sicht der Natur ergibt, sei mittels zweier Anekdoten angedeutet: Als ich einmal in Deutschland angesichts eines zu schlachtenden Schweines Mitleid mit dessen Schicksal äußerte, wurde ich darüber aufgeklärt, daß es doch der Daseinszweck des Schweines sei, von uns gegessen zu werden. Und andererseits stellen nach dem Bericht eines Shintō-Priesters Fabrikarbeiter, wenn sie bei besonderen Anlässen nach der Arbeit am Arbeitsplatz noch etwas trinken, immer auch ein gefülltes Glas vor die Roboter. Die haben ja auch gearbeitet.

Eine in diesem Zusammenhang aufschlußreiche Geschichte berichtet Hirose Kazutoshi, ehemaliger Oberpriester des Mitsumine-Schreins in der Präfektur Saitama und später des Kashiwara-jingū in Nara, aus seiner Zeit am Ise-Schrein, wo er seine priesterliche Laufbahn begonnen hat:

> Das hierarchische Gefälle spielte „im gesamten Schreinleben eine große Rolle. So richtet sich auch der Ort, von dem aus man bei Schreinbesuchen seine Verehrung bezeigt und betet, nach dem Rang. Je höher der Rang, desto geringer die Entfernung zum Schreingebäude. Und nicht nur Menschen haben Ränge, gelegentlich haben auch Tiere einen Rang. In Ise gibt es ein Pferd (*go-shinme*), eine Opfergabe des Kaisers, das als Reittier für die Gottheit bestimmt ist. Als Reittier der Gottheit und Geschenk des Kaisers hatte dieses Pferd einen Rang, und dieser Rang war selbstverständlich höher als meiner. Das heißt, bei den regelmäßigen Schreinbesuchen durfte das Pferd näher an das Schreingebäude herangehen als ich. Erschwert wurde die Angelegenheit nun allerdings dadurch, daß der Bedienstete, der für die Betreuung des Pferdes zuständig war, einen noch viel niedrigeren Rang hatte und dementsprechend seinen Platz noch viel weiter hinten hatte. Das Pferd ging also immer allein zu seinem ihm vorbestimmten Platz, blieb dort stehen, nickte zweimal mit dem Kopf und kehrte dann zu seinem Betreuer zurück. Dies kluge Verhalten hatte es von dem – hochrangigen – Hofbeamten gelernt, der es nach Ise gebracht und die erste Zeit dort betreut hatte.“[19]

Oben wurde festgestellt, daß im Gegensatz zum christlichen Gott Shintō-Götter nicht unbedingt gut sind. In diesem Zusammenhang sind zwei, drei verschiedene Aspekte festzuhalten. Wenn nicht alle, so haben doch zumindest die allermeisten Gottheiten zwei gegensätzliche „Seelen" (besser wohl: Charaktere), eine sanfte, positiv wirkende (*nigimitama*), und eine rauh-zerstörerische, negativ wirkende (*aramitama*). Oft werden die beiden Aspekte der Gottheit in getrennten, aber auf demselben Schreingelände liegenden Schreinen verehrt. Der Schrein der gefährlichen Seite der Gottheit liegt dann etwas versteckt im Hintergrund, ist aber dennoch oft genug der wichtigere der beiden. Die Verehrung bezweckt eine Beschwichtigung, Besänftigung der Gottheit, mit anderen Worten eine Gefahrenabwehr, Schadensabwendung. Von diesem grundsätzlichen Doppelcharakter der Götter abgesehen, werden auch eindeutig gefährliche Götter wie der Feuergott verehrt. Und es gibt im Shintō sogar zwei Gottheiten des Bösen, Magatsubi no kami (s.u.), die genauso verehrt werden wie alle anderen Götter auch. Der Shintō ist realistisch, er verschließt vor der Existenz des Bösen nicht die Augen, er tabuisiert es auch nicht, er versucht – pragmatisch – es zu beschwichtigen und damit seinen Schaden einzudämmen. Hierin unterscheidet er sich grundsätzlich vom Christentum. Selbstverständlich wird auch in diesem die Existenz des Bösen nicht geleugnet, gibt oder gab es in ihm doch den Teufel. Jedes Arrangement mit dem Teufel aber, gar seine Anbetung, ist die schlimmste Sünde, deren sich ein Christ schuldig machen kann.

c. Die Mythologie

Hier die japanische Mythologie zu referieren, ist nicht möglich; das würde ein eigenes Buch erfordern. Ganz ohne Mythologie ist die Welt der japanischen Götter – und ist vor allem die (traditionelle Sicht der) Geschichte des japanischen Kaiserhauses – auch nicht zu verstehen. Im Folgenden soll also die Mythologie in ganz groben Zügen nacherzählt werden. Seitenlinien werden abgekappt, Einzelheiten ausgelassen, Varianten nicht erwähnt.[20]

Die Mythen sind zum größten Teil in den beiden frühesten japanischen Geschichtswerken enthalten, dem *Kojiki* (712) und dem *Nihonshoki* (720), und dort in den ersten Kapiteln, die „das Götterzeitalter" behandeln.[21] Die folgende Zusammenfassung folgt dem Bericht des *Kojiki*.

Nachdem mehrere Götter „entstanden" und wieder vergangen sind – woher und wohin, wie und warum bleibt unklar – beginnt die Erzählung mit dem Urgötterpaar Izanagi no mikoto und Izanami no mikoto. Die beiden Gottheiten standen „auf der Schwebenden Brücke des Himmels, stießen den Juwelen-Speer nach unten und rührten damit herum; und als sie die Salzflut gerührt hatten, bis sie sich zäh verdickte, und den Speer dann hinaufzogen, häufte sich die von der Speerspitze herabträufelnde Salzflut an und wurde eine Insel."[22] Die beiden Götter stiegen auf die Insel herab, errichteten eine Halle und einen himmlischen Pfeiler, umschritten jeder in umgekehrter Richtung den Pfeiler und vermählten sich, als sie sich wieder trafen. Das erste Mal erzeugten sie eine Mißgeburt: Izanami, die weibliche Gottheit, hatte bei ihrer Begegnung zuerst gesprochen. Sie wiederholten also die Übung, diesmal sprach Izanagi zuerst, und das Ergebnis war auch besser. Auf diese Weise erzeugten sie zunächst einige Inseln, und anschließend eine größere Zahl von Göttern.

Bei der Geburt des Feuergottes jedoch „verbrannte sich Izanami die Schamteile, erkrankte und legte sich nieder." Während ihrer Krankheit entstanden aus ihrem Erbrochenen, ihrem Kot und ihrem Urin wiederum mehrere Gottheiten. „Weil nun Izanami no Kami den Feuergott geboren hatte, ging sie schließlich göttlich von dannen." Izanagi weinte um seine Frau, und aus seinen Tränen entstand eine Gottheit. Dann wurde Izanami begraben – von wem, ist nicht mitgeteilt. Izanagi hieb mit einem Schwert seinem Sohn, dem Feuergott, den Kopf ab. Aus dem Blut wie auch aus den verschiedenen Körperteilen des Getöteten entstand wieder eine größere Zahl von Göttern.

Izanagi folgte seiner Gattin nun in die Unterwelt nach, um sie zurückzuholen. Izanami kam ihm aus dem Palast entgegen und bedauerte, daß er nicht früher gekommen sei, weil sie schon „vom Kochherde der Unterwelt gegessen" habe. Sie erklärte aber, daß sie ebenfalls zurückzukehren wünsche und versprach, sich mit den Gottheiten der Unterwelt – wer diese sind und wie sie entstanden sind, wird nicht mitgeteilt – zu besprechen. Zum Abschied trug sie ihrem Gatten auf, nicht nach ihr zu sehen. Dem wurde es aber nach einer Weile zu lang. Er ging ihr in den Palast nach, zündete ein Licht an und sah, daß „es von Maden schwärmte und sie in Fäulnis zergangen war". Izanagi floh erschrocken, und Izanami, die es ihrem Mann übelnahm, daß er ihr „Schande zugefügt" hatte, schickte ihm Dämonen zu seiner Verfolgung nach. Nach Einsatz von viel Magie und vielen Kämpfen konnte sich Izanagi gerade noch aus der Unterwelt retten. Als ihm nun aber auch noch Izanami selbst nacheilte, zog er einen großen Felsen heran und versperrte mit diesem den Ausgang der Unterwelt. In dem anschließenden Gespräch drohte Izanami, sie wolle „von dem Menschengras deines Landes zu

Tode würgen tausend Häupter an einem Tage!" Hierauf entgegnete ihr Izanagi: „Wenn du solches tust, so will ich in einem Tage tausend fünfhundert Geburtshütten errichten." Dies ist die erste Nennung von Menschen in den Mythen.

Anschließend mußte sich Izanagi von dem Schmutz der Unterwelt reinigen. Hierbei entstand wieder eine große Zahl von Göttern, von denen nur zwei Paare und eine Einzelgottheit genannt seien: Aus der Beschmutzung selbst entstanden zwei Götter der Beschmutzung, zwei üble Gottheiten.[23] Aus der Waschung seines linken[24] Auges entstand die Sonnengöttin Amaterasu ōmikami, und aus der des rechten der Mondgott Tsukiyomi no mikoto. Beim Waschen der Nase schließlich entstand Susanowo no mikoto, der Sturm- und Meeresgott. Den drei letztgenannten Göttern wies Izanagi die Herrschaft über „das Gefilde des Hohen Himmels" (Amaterasu), „das Nachtbeherrschte Land" (Tsukiyomi) und „das Meer-Gefilde" (Susanowo) zu.

Susanowo hatte Sehnsucht nach seiner Mutter Izanami – wieso sie seine Mutter sein soll, ist unklar – und heulte ungebärdig, worauf sein Vater Izanagi ihn verbannte. Der Ort der Verbannung ist nicht genannt, aber es wird wohl die Unterwelt gewesen sein, nach der sich Susanowo sowieso gesehnt hatte. Zunächst aber stieg er zum Himmel empor, um sich von seiner Schwester Amaterasu zu verabschieden. Dies gab Anlaß zu allerlei Mißtrauen, und als dies ausgeräumt war, tobte er ungebärdig herum – er war ja der Sturmgott – und beging einigen sehr groben Unfug: Er zerstörte die Dämme der von seiner Schwester angelegten Reisfelder, verstopfte die Wassergräben und „verstreute Kot in dem Palast, wo sie den Großen Schmaus hielt", d.h. das Erntedankfest (*niinamesai*), eine der wichtigsten Zeremonien des Shintō. Und als Amaterasu ōmikami „sich in der heiligen Web-Halle befand und Götterkleider weben ließ, brach er in den Dachfirst der Web-Halle ein Loch, zog einem himmlischen scheckigen Pferde mit Rückwärtsschindung die Haut ab und ließ es hineinfallen."

Nun war Amaterasu ōmikami böse und zog sich in die himmlische Felsenhöhle zurück. „Da war das ganze Gefilde des Hohen Himmels dunkel, und das ganze Mittelland des Schilfgefildes [d.h. die Erde] war dunkel." Und in der Finsternis kamen die unzähligen bösen Gottheiten zum Vorschein und es herrschten unzählige Übel. Die Götter – es waren ja japanische Götter – hielten eine Versammlung ab und beratschlagten, was zu tun sei. Sie ließen Hähne krähen, das half aber genausowenig wie das Rezitieren von Ritualworten. Die Götter rissen einen *sakaki*-Baum samt den Wurzeln heraus – heute begnügt man sich mit Zweigen des *sakaki*-Baums – und behängten ihn mit an Fäden aufgereihten

Krummjuwelen (Abb. 23), einem Spiegel und Opfergaben. Dann aber, ob geplant oder als Zerstreuung in einer Pause der Beratungen, ist nicht ganz klar, tanzte die Göttin Ama no Uzume no Mikoto[25] das, was heute als der erste Striptease der Weltgeschichte gilt: Sie stampfte auf ein Schallbrett, tat so, als ob sie besessen sei, „zog die Warzen ihrer Brüste heraus und zog den Saumbund ihres Gewandes bis an die Scham herab."

Die achthundert Myriaden Götter lachten so gewaltig, daß das hohe Himmelsgefilde erschüttert wurde. Die Sonnengöttin konnte nicht verstehen, wie die Götter lachen konnten, wo sie sich doch in die Höhle zurückgezogen hatte, und öffnete die Tür einen Spalt. Einer der Götter hielt ihr darauf den Spiegel vor, den sie für eine andere Gottheit hielt, und als sie darauf noch etwas weiter herauskam, ergriff ein anderer Gott, der sich neben der Tür versteckt hatte, ihren Arm und zog sie ganz heraus. Die Höhle aber wurde mit einem mit gezackten Papierstreifen behängten Strohseil (*shimenawa*)[26] verschlossen, sodaß sie nicht wieder zurückkehren konnte.

Susanowo wurde bestraft und verbannt. Auf dem Weg in die Unterwelt traf er in der Provinz Izumo einen alten Mann und eine alte Frau – irdische Gottheiten –, deren jüngste Tochter von einer Riesenschlange verschlungen werden sollte. Die Schlange kam jedes Jahr und hatte zuvor schon die sieben älteren Schwestern des Mädchens gefressen. Die Riesenschlange hatte acht Köpfe und acht Schwänze. Susanowo ließ acht Gefäße mit Reiswein vorbereiten, und als die Schlange den Reiswein getrunken hatte, erschlug er sie. Beim Zerhauen fand er in einem der Schwänze ein Schwert, das er der Amaterasu ōmikami übergab.

Amaterasu ōmikami erließ den Befehl: „Das Land der frischen Ähren der tausend Herbste und langen fünfhundert Herbste des Üppigen Schilfgefildes [d.h. Japan] ist das Land, das mein erlauchtes Kind Masaka-a-katsu Kachi-haya-hi Ame no Oshi-ho-mi-mi no Mikoto regieren soll." Also machte sich dieser auf den Weg. Als er aber auf der Schwebebrücke des Himmels stand, sah er, daß das Land, das er regieren sollte, „in höchster aufrührerischer Bewegung" war und kehrte zurück. Es wurde wieder eine Götter-Versammlung einberufen und bestimmt, wer die wilden irdischen Gottheiten unterwerfen soll. Das Unternehmen zog sich aber in die Länge.

Nachdem „das Mittelland des Schilfgefildes" unterworfen und beruhigt war, sollte wieder der vorgenannte Sohn der Amaterasu zur Herrschaft hinabgeschickt werden. Der berichtete aber, daß er mittlerweile einen Sohn habe, Ame-nigishi Kuni-nigishi Ama-tsu-hi-daka Hiko-ho no Ninigi no Mikoto, meist kurz Ninigi no mikoto genannt, der an seiner Stelle geschickt werden solle. So geschah es. Amaterasu ōmikami erteilte ihm den Auftrag: „Dieses Land der frischen Ähren des Üppigen Schilfgefildes ist das Land, welches du regieren sollst. Daher sollst du unserm Befehle gemäß vom Himmel hinabsteigen.“ Sie gab ihm noch drei Schätze mit: den Spiegel, mit dem sie aus der himmlischen Felsenhöhle herausgelockt worden war, die Krummjuwelen, die die Götter an den *sakaki*-Baum vor der Felsenhöhle gehängt hatten, und das Schwert, das Susanowo no mikoto in dem Schwanz der Schlange gefunden hatte. Dies sind die Throninsignien des Kaiserhauses. Bezüglich des Spiegels sagte sie ihrem Enkel: „Betrachte hier diesen Spiegel ganz so, als wäre er meine erlauchte Seele, und verehre ihn ehrfürchtig, gleich wie wenn du mich selber verehrtest.“

Ninigi no mikoto stieg also auf die Erde herab, und zwar auf dem Berg Takachiho. Über die Lage dieses Bergs streiten sich die Lokalpatrioten. Nach der einen Überlieferung ist es einer der Gipfel des Kirishima-Massivs in Süd-Kyūshū. Nach einer anderen ist es der gleichnamige Gipfel in Mittel-Kyūshū, der sogenannte Hyūga-Takachiho.[27] Urenkel des Ninigi no mikoto war dann Kamu Yamato Ihare-biko no mikoto, mit anderem Namen Jimmu Tennō, Kaiser Jimmu, der erste „menschliche“ Kaiser und Begründer der heutigen Dynastie.

3. Die Zeremonien (saishi, matsuri)

Den Kernbereich des Shintō bilden die Zeremonien. Die Welt der Götter ist nebelhaft-undeutlich; ein Lehrgebäude gibt es nicht, folglich spielt auch die Belehrung kaum eine Rolle; die Priester sind ebenfalls ohne wesentliche Bedeutung. Was bleibt, sind die Zeremonien, in denen die Besucher in Kontakt zur Gottheit treten.

Zeremonien werden aus unterschiedlichen Anlässen an unterschiedlichen Orten – wenngleich zumeist an den Schreinen – durchgeführt. In ihren Einzelheiten sind sie von einer schier unüberschaubaren Vielfalt. In ihrer Struktur jedoch sind sie meist identisch: Kultische Reinigung (Abb. 24), bei größeren Anlässen Speiseopfer (Abb. 25), Gebet und Opfer. Anschließend dann Abtragen der Speiseopfer und beim Hinausgehen das Trinken eines Schälchens Sake, wobei dieser letzte Teil der Zeremonie das auf ein Minimum reduzierte gemeinsame Mahl mit der Gottheit darstellt.

a. Kultische Reinigung (*misogi, harai*)

Sünden (*tsumi*) sind dem Shintō zwar nicht unbekannt, sie spielen aber eine untergeordnete Rolle. Sie werden überschattet von kultischen Verunreinigungen (*kegare*), die moralisches Fehlverhalten, aber auch nicht-schuldhafte Unglücksfälle wie Blitzschlag oder Schlangenbiß umfassen. Blut, insbesondere Menstruationsblut, und Tod sind ebenfalls unrein. Nach dem Tod eines nahen Familienangehörigen, oder nach Berührung eines Leichnams, ist man für eine bestimmte Zahl von Tagen von Schreinbesuchen ausgeschlossen,[28] und anschließend bedarf man einer gründlichen Reinigung.

Die Reinigung (*harai*) ist eines der zentralen Konzepte des Shintō, eine seiner zentralen Handlungen, und sie ist auch ein zentrales Element in seinen Zeremonien. Mittel zur Reinigung gibt es drei oder vier. Sie alle sind Ausdruck der sehr konkreten Denkweise des Shintō.

Das klassische Reinigungsmittel ist natürlich Wasser. Unter Einfluß von Buddhismus und *shugendō* (eine synkretistische Sekte von Bergasketen, die *yamabushi*) gibt es auch im Shintō die Übung, unter Wasserfällen zu stehen, insbesondere an kalten Tagen in das Meer oder in einen Fluß einzutauchen, oder sich mit kaltem Wasser zu übergießen. Diese asketischen Arten von Reinigung, normalerweise *misogi* genannt, sind unter Normalgläubigen unüblich. Überall, an jedem Schrein vorgeschrieben ist hingegen die Übung, sich bei Betreten des Schreingeländes an dem hierfür vorgesehenen Ort (*temizu-ya*) mit meist fließendem Wasser Hände und Mund zu spülen. Die Objekte der Reinigung sind naheliegend, denn Böses tut man ja normalerweise entweder mit den Händen (Diebstahl, Totschlag) oder mit dem Mund (Lügen, Verleumdung).

Sei es wegen seiner Fähigkeit, Lebensmittel zu konservieren, sei es als konzentriertes (Meer-)Wasser, Salz wird ebenfalls als kultisches Reinigungsmittel verwendet. In Kombination mit Wasser, als Salzwasser, wird es bei großen Schreinzeremonien mittels eines Zweiges des dem Shintō heiligen *sakaki*-Baumes in Richtung auf die zu reinigenden Dinge und Personen gesprengt.

Das üblichste Instrument der kultischen Reinigung – neben dem Wasser am Schreineingang – ist jedoch ein Stab, an dessen einem Ende eine Vielzahl gezackter Papierstreifen befestigt ist (*ō-nusa,* Abb. 3). In Aussehen wie Funktion ist dies ein Staubwedel – nur daß statt normalen Staubes die kultischen Unreinheiten hinweggefegt werden, die sich seit der letzten Reinigung auf der zu reinigenden Person oder dem Gegenstand angesammelt haben.[29]

Die Betonung von äußerlichen Unreinheiten statt in der Gesinnung wurzelnder Sünden schließt die Existenz von Moralvorschriften/Tugenden nicht aus. Nur wird ein Verstoß gegen diese eben nicht als „Sünde“ gewertet sondern unter die „Unreinheiten“ subsumiert; auch haben diese Tugenden einen recht formalen Charakter. Gefordert wird ein „reines“ (*kiyoki*), „helles“ (*akaki*) und „gerades, aufrechtes“ (*shōjiki*) Herz. Diese drei positiven Eigenschaften werden oft unter dem Zentralbegriff der Shintō-Ethik *makoto* zusammengefaßt. *Makoto* bedeutet ursprünglich das Wesen, die Essenz eines Dinges oder einer Erscheinung. Es läßt sich etwa mit Wahrheit, Aufrichtigkeit übersetzen. Sein Stellenwert kommt schön in einem Gedicht des Sugawara no Michizane (845–903) zum Ausdruck:

Kokoro dani
makoto no michi ni
kanainaba
inorazu totemo
kami ya mamoramu.

In der Übersetzung von Karl Florenz:[30]

Wenn nur das Herz
Der Wahrheit Pfad und Norm
Gemäß sich hält,
So braucht ihr nicht zu beten,
Die Götter schützen dennoch.

Dem privat-öffentlichen Doppelcharakter des Shintō entsprechend, sollte man dem Zentralbegriff der Privat-Ethik des Shintō, *makoto,* aber noch einen Zentralbegiff der öffentlichen Ethik des Shintō, sowie einen Leitwert seiner öffentlichen Seite hinzufügen: Einheit von Loyalität und kindlicher Pietät (*chūkō-ippon*) und Einheit von Kult und Regierung (*saisei-itchi*). Loyalität gegenüber dem Herrscher und Pietät gegenüber dem Vater sind zwar zwei Tugenden, die vom Konfuzianismus übernommen worden sind, und daß beide eine Einheit bilden, ist zudem eine recht neue Lehre, die erst in der zweiten Hälfte der Edo-Periode (1600–1868) von der neokonfuzianischen Mito-Schule vertreten worden ist. Seitdem hat dieses Konzept im staatlichen Shintō aber eine so überragende Bedeutung erlangt, insbesondere bei der Lehre vom Familienstaat, nach der Japan eine einzige große Familie bildet, daß es nicht angeht, es stillschweigend zu übergehen. Dasselbe gilt für das – diesmal alte – Konzept der Einheit von Kult und Regierung. Es ist weiter unten erklärt. Ein Hinweis auf seine Existenz sollte aber auch im Kontext der Shintō-Moral nicht fehlen.

b. Das Speiseopfer

Das zweite Element einer etwas formelleren Shintō-Zeremonie, das Speiseopfer, fällt je nach Schrein-Rang und je nach Anlaß unterschiedlich aus, enthält aber regelmäßig (ungekochten) Reis, Sake, Fisch, diverse Gemüse, Obst, Salz und Wasser. Die Götter haben einen recht menschlichen Geschmack. Die Opfergaben werden einzeln auf Tellern, Schälchen usw. aufgetragen und auf einem Altar am hinteren Rand der Gebetshalle aufgestellt. Nach Abschluß der Zeremonie werden sie wieder abgetragen und, wenn die Feier vorüber ist, von den Auftraggebern, bei regelmäßigen Schreinzeremonien von den Priestern, gegessen. Dieses abschließende Mahl (*naorai*), bei dem die Gottheit als anwesend gedacht wird, bei dem also Menschen und Götter gemeinsam essen und trinken, dient der Herstellung von Gemeinschaft, der Kommunion zwischen Menschen und Göttern. Für nicht-priesterliche Teilnehmer wird dieses Abschlußmahl, wie oben bemerkt, normalerweise in einer stark reduzierten, stilisierten Form durchgeführt, indem jeder Teilnehmer beim Hinausgehen ein Schälchen Sake geboten bekommt, das er dann leert.

c. Das Gebet

Das Gebet (*norito*) wird je nach Anlaß in vorgeschriebener Form und altertümlicher Sprache neu verfaßt. Es enthält immer eine Lobpreisung der Gottheit, wo möglich im Zusammenhang mit der Wiedererzählung einer in den Mythen tradierten einschlägigen Tat, womit dann zu der in dem Gebet vorgebrachten Bitte übergeleitet wird („So wie Du damals …, so …“). Der Priester rezitiert das Gebet in einer für das *norito* spezifischen Stimmlage und in spezifischem Tonfall, was einerseits den eigentümlichen Reiz des *norito* ausmacht, andererseits aber zusammen mit der altertümlichen Sprache dazu beiträgt, daß der Bittsteller außer den ihn direkt betreffenden Passagen allenfalls noch ein paar Satzfetzen versteht.

Wenn der Besucher vor der Gebetshalle (*haiden*) stehenbleibt und von dort aus ohne Beteiligung eines Priesters sein Gebet an die Gottheit richtet, so tut er dies geräuschlos, nur in Gedanken.

d. Das Opfer

Das Opfer ist zentraler Bestandteil jeder Shintō-Zeremonie. Selbst in ihrer kürzesten, auf ein Minimum reduzierten Form, bei der der Schrein-Besucher vor der Gebetshalle kurz stehenbleibt, sich zweimal verbeugt, zweimal in die Hände klatscht, sich noch einmal verbeugt und sich dann entfernt, selbst bei dieser allereinfachsten Zeremonie wird er als erstes eine oder mehrere Münzen in den Opferkasten werfen. Durch die Opfergabe erst – und sei es in Form von ein paar Münzen – kommt im Shintō die Kommunion mit der Gottheit zustande.

Die normale Gestalt eines Opfers ist im Shintō der *tamagushi*, d.h. ein Zweig des dem Shintō heiligen *sakaki*-Baumes (Cleyera ochnacea), an dem mehrere gezackte Papierstreifen befestigt sind (Abb. 26).[31] Diesen Zweig erhält der Opfernde von einem Priester überreicht, worauf er ihn dergestalt auf ein Tischchen in der Gebetshalle legt, daß das abgeschnittene Ende in Richtung auf die Haupthalle, also auf die Gottheit zeigt.

Der *tamagushi* ist ein besonders eindrucksvolles Beispiel für die Kombination von Konkretheit und Stilisierung, wie sie der Shintō-Ästhetik eigentümlich ist: Papier ist stilisierter Stoff, und Stoffe waren im japanischen Altertum – im Kaiserhaus bis auf den heutigen Tag – beliebte Geschenke. Im Altertum war es auch üblich, Briefe, vor allem natürlich Liebesbriefe, sowie Geschenke an einem Zweig befestigt überbringen zu lassen. Wir haben hier also eine ganz konkrete Geschenkübergabe in altertümlicher Form, die aber so weit stilisiert ist, daß man sie schon kaum mehr erkennen kann[32].

Bei aller Stilisierung darf aber nicht übersehen werden, daß es sich bei Opfergaben – ob sie nun in Form von Münzen oder von *tamagushi* (*sakaki*-Zweigen) dargebracht werden – immer und vor allem um Geld handelt. Das wird auch von den Priestern und den Göttern so gesehen und als eine Selbstverständlichkeit akzeptiert. Mir ist noch gut – wenn auch peinlich – in Erinnerung, wie ich meine Tochter drei, vier Monate nach deren Geburt der zuständigen Lokalgottheit präsentierte (*hatsu miyamōde*) und, nach Abschluß der Zeremonie, dem Priester mit typisch westlicher Verschämtheit das vereinbarte Honorar übergab. Der Priester, weit entfernt davon, die Geldspende als nebensächlich oder gar als peinlich aufzufassen, eilte erleichtert, daß der Ausländer diesen wichtigen Teil nicht vergessen hatte, spornstreichs mit dem Geldumschlag zum Altar zurück, deponierte ihn dort und erstattete der Gottheit Bericht, daß Lokowandt großzügigerweise 5000 Yen geopfert habe.

4. Der Glauben – Gläubigenvereine (kō) *und Sekten-Shintō* (kyōha-shintō)

a. Glauben ohne Objekt

Oben wurde darauf hingewiesen, daß Schreinbesucher normalerweise nichts von der Gottheit wissen, deren Schrein sie aufsuchen. Sie beten aber trotzdem. Die Frage stellt sich da, zu wem sie beten, auf wen sich ihr Glaube richtet. Eine mögliche Interpretation ist, daß sie zu niemandem beten, daß es ein Glaube ohne Objekt ist, reiner Glaube, reine Frömmigkeit, reines Gefühl.[33] Diese Sicht wird zusätzlich dadurch gestützt, daß die Gebete in einem Schrein und in bestimmten Formen stattfinden, daß der oder die Betende nicht schlicht zu Hause bleibt und dort in Gedanken ein formloses Gebet spricht. Bei einem personalen allgegenwärtigen Gott wäre das aber möglich; zu dem kann man immer und überall beten. Im Shintō hingegen werden Gebete ausschließlich in einem Schrein oder – beispielsweise bei einer Erdbeschwichtigungszeremonie (*jichinsai*) – an einem anderen Ort, zu dem die Gottheit eigens herabgerufen worden ist, an die Gottheit gerichtet[34]. Das läßt immer noch die Möglichkeit von personalen, aber eben nicht allgegenwärtigen Göttern offen. Aber: Was bleibt von einer Person, wenn das einzige, was man von ihr weiß, ihr Aufenthaltsort ist? Da scheint es wirklich realitätsnäher, einen objektlosen Glauben anzunehmen, der, eben weil er kein Objekt hat, auf andere Stützen angewiesen ist, konkret auf den Halt durch bestimmte Orte und Formen.

Andererseits gibt jedoch das berühmte, dem buddhistischen Wandermönch und Dichter Saigyō (1118–1190) zugeschriebene Gedicht (*waka*) zu denken, das dieser anläßlich eines Besuchs in Ise verfaßt haben soll:

Nanigoto no
owashimasu wo ba
shiranedomo
katajikenasa ni
namida koboruru.

In der Übersetzung von Schiller:[35]

Vermag ich auch nicht zu erkennen,
was das Erhabene ist, das hier seine Behausung hat,
so rinnen mir doch vor Ehrfurcht die Tränen hernieder.

Hier ist ohne Zweifel ein Glaubensobjekt vorhanden – der Schwerpunkt der Aussage bleibt aber gleichwohl beim Ich. Das Objekt des Glaubens ist unbekannt, nebelhaft; das einzig Reale an ihm ist seine Wirkung auf den Gläubigen.

Zu einem ähnlichen Ergebnis kommt man selbst dort, wo ein bestimmter Berg, Wasserfall, Baum, Stein oder sonstiger Gegenstand nicht als Sitz der Gottheit, sondern ganz direkt als göttlich verehrt wird. In diesen Fällen ist es gerade die direkte Göttlichkeit des konkreten Gegenstands, die dessen Charakter als Glaubensobjekt negiert und damit den Glauben verabsolutiert.

Wie man es auch dreht und wendet, der Glaube im Shintō ist oft – wenn auch ganz gewiß nicht immer und überall – ohne Objekt. Und diesen objektlosen Glauben, diesen Glauben um des Glaubens willen, diesen auf das reine religiöse Gefühl beschränkten Glauben wird man als ein Spezifikum des Shintō ansehen können.

b. Gläubigenvereine (*kō*) und Sekten (*kyōha*)

Diese Form des Glaubens wird aber oft genug unbefriedigend bleiben. Das fängt schon an, wenn man sich an die für ein konkretes Anliegen zuständige Gottheit wendet, beispielsweise mit der Bitte um das Bestehen einer Aufnahmeprüfung an den Gott der Wissenschaft, Tenjin. Dieser Gott ist bekannt. Von ihm kennt man den Namen und den persönlichen Hintergrund, natürlich auch die Zuständigkeitsbereiche (Wissenschaft und Kalligraphie) und vielleicht sogar, daß ihm Pflaumenblüte und Rind zugeordnet sind. Von Objektlosigkeit kann hier also nicht mehr die Rede sein.

Eine Abkehr von der theologiefreien Welt der reinen Gläubigkeit markieren auch die Gläubigenvereine, *kō, kōsha* oder *kōchū* genannt. Ursprünglich im Rahmen des Buddhismus entstanden, gibt es sie seit dem japanischen Mittelalter auch im Shintō. Es sind Vereinigungen zur Verehrung eines, manchmal auch mehrerer Götter bzw. Schreine. Mehrfachmitgliedschaften sind nicht ungewöhnlich. Sie sind regional oder nach Berufen organisiert. Sofern sie nicht um eine Gottheit des eigenen Ortes organisiert sind, führen sie vor allem Wallfahrten durch, an denen teils alle, teils stellvertretend für die Gemeinschaft mehrere Mitglieder teilnehmen. Durch ihre Fixierung auf eine bestimmte, gemeinsam verehrte Gottheit, und da sie oft zusätzlich zu den Wallfahrten gemeinsame Zeremonien durchführen und sich gegenseitig Beistand leisten, entsteht öfters ein mehr oder minder ausgeprägtes Gemeinschaftsbewußtsein. Gelegentlich entwickeln sich aus solchen Gläubigenvereinen Sekten mit eigenen religiösen Bräuchen und Lehren. Die Übergänge sind hier sehr fließend.

In der Periode großer politischer und gesellschaftlicher Wirren in den letzten Jahrzehnten der Edo-Zeit (1600–1868) und zu Beginn der Meiji-Zeit (1868–1912) entstand in Japan eine ganze Reihe neuer Religionen. Sie waren unterschiedlichen Ursprungs und unterschiedlichen Charakters. Teils wurzelten sie im Bergglauben, insbesondere des Fuji, teils in mehr orthodoxen Richtungen des Shintō, teils wurden sie von charismatischen Religionsstiftern gegründet. Einige waren eher dem Buddhismus, andere eher dem Shintō zuzurechnen. Die meisten wiesen aber stark synkretistische Züge auf. Sie waren ganz überwiegend auf das Diesseits ausgerichtet und praktizierten Krankenheilungen, Magie und ähnliches.

Die Meiji-Regierung führte zwischen 1872 und 1882/1884 – zunächst energisch, dann mit abnehmendem Interesse – eine religiös-moralisch-politische Aufklärungsbewegung durch (*daikyō-senpu undō,* die Bewegung zur Verbreitung der Großen Lehre; s. u.), in deren Mittelpunkt der Shintō stand, in die aber auch alle anderen religiösen Kräfte einbezogen wurden. Dies gab den in den Jahrzehnten zuvor entstandenen religiösen Gemeinschaften kräftigen Auftrieb und förderte zusätzlich die Entstehung neuer Gruppen.[36] Zugleich war die Regierung in religiösen Angelegenheiten auf Ordnung bedacht und ordnete die diversen religiösen Gruppierungen entweder dem Shintō oder dem Buddhismus zu. 1882, als der Shintō endgültig aus der Aufklärungsbewegung zurückgezogen wurde, wurden sieben Shintō-Sekten in die Unabhängigkeit entlassen, die aus diesen neu entstandenen religiösen Gruppierungen hervorgegangen waren. Davor waren es zwei gewesen, und in den Jahren bis 1909 folgten noch vier Sekten nach, so daß der Sekten-Shintō schließlich 13 offiziell anerkannte Sekten umfaßte, von denen drei direkte Produkte der Aufklärungsbewegung waren.

Diese Shintō-Sekten wurden bis zum Kriegsende von der Regierung als Träger der religiösen Aspekte des Shintō betrachtet – der eigentliche Shintō galt ja offiziell nicht als Religion (s. u.). Diese Sekten, deren größte, die Tenri-kyō, heute großen Wert darauf legt, nicht mit dem Shintō assoziiert zu werden, haben (fast) alle ihre ausgeprägten religiösen Lehrsysteme, die sich voneinander genauso stark unterscheiden wie vom eigentlichen Shintō, dem Schrein-Shintō. Als Sammelbegriff wird „Sekten-Shintō" heute nicht mehr gebraucht. Religiöse Gemeinschaften jeder Größe und Entwicklungsstufe, die sich dem Shintō zurechnen und eine Vielfalt von teils ganz unterschiedlichen Lehren aufweisen, gibt es aber nach wie vor. Das wird sich auch nicht ändern, denn die theologische Leere des Shintō lädt dazu ein, sie aufzufüllen.

c. Exkurs: Der Volksglaube

Es wurde bereits mehrfach angemerkt, daß der Shintō, d.h. der Schrein-Shintō, keine fixierten Glaubenslehren besitzt. Wenn es aber keine Orthodoxie gibt, dann folgt logisch zwingend, daß es auch keine Heterodoxie geben kann. Und tatsächlich gibt es im Shintō keinen Irrglauben und fast keinen Aberglauben. Was im Westen als Aberglaube gilt, wird in Japan unter die Rubrik „Volksglaube" eingeordnet.

Im Westen gibt es Glauben, und es gibt Aberglauben. Gewiß gibt es dazwischen in einer Grauzone noch den Volksglauben – z.B. Lourdes –, doch ist dieser relativ unbedeutend und vor allem sehr interpretationsabhängig. Ein guter Katholik wird Lourdes im Zweifelsfall dem Glauben zuordnen, ein guter Protestant dem Aberglauben.

In Japan dagegen gibt es zuerst und vor allem den Volksglauben. Daneben wird auch der orthodoxe Glaube im Buddhismus einen gewissen – je nach Sekte unterschiedlich großen – Raum einnehmen; im Shintō ist er so klein, daß er vernachlässigt werden kann. Umgekehrt wird man die schwarze Katze als Unglücksanzeiger auch in Japan nicht dem Volksglauben zurechnen können – ansonsten ist er aber ziemlich allumfassend.

Vor allem umfaßt er alle Religionen. Es gibt keinen shintoistischen oder buddhistischen Volksglauben; es gibt nur Volksglauben. Horoskope und Amulette kann man in Schreinen wie in Tempeln kaufen; im Aussehen sind sie zum verwechseln ähnlich. Sogar die bemalten Holztäfelchen (*ema*) findet man heute schon fast genauso oft in Tempeln wie in Schreinen. Daß neben dem Volksglauben aber auch die Separatbereiche der beiden Religionen fortbestehen, versteht sich von selbst.

Die Gemeinsamkeit geht aber über den Verkauf von Horoskopen und Amuletten hinaus. Bei der Feier zum Frühlingsbeginn Anfang Februar (*setsubun*) werden in Tempeln wie Schreinen die Teufel mittels geworfener Bohnen vertrieben. Das Totenfest *o-bon* im Juli bzw. August ist zwar weitgehend vom Buddhismus überlagert, im Volksbrauchtum weist es aber auch Züge nicht-buddhistischen Ahnenkults auf. Zu Neujahr besucht man – teils schon in der Neujahrsnacht – Schreine und Tempel.

Zum Volksglauben sind auch Erscheinungen wie der Schrein der Göttin des Gesangs und des Reichtums, Benten in Kamakura, der „Benten der Geldwäsche" (Zeni-arai Benten), zu zählen. Dort glaubt man, daß Geld, das man in dem Schrein mit dem dortigen Quellwasser wäscht, sich vervielfacht (je nach Reiseführer auf das Doppelte oder gar auf das Hundertfache; der Schrein selbst schweigt sich hierzu aus, hat aber immerhin eine große Zahl von kleinen Körbchen für die Geldwäsche bereitgestellt). Ich habe dort einmal gesehen, wie ein Besucher sein Bankbuch (!) gewaschen hat, Seite für Seite, jedes Blatt nach der Wäsche sorgfältig abtrocknend. Aufschlußreich ist die Geschichte dieses Schreins, wie sie dort auf einer Tafel nachzulesen ist: Der Begründer des Kamakura-Shogunats, Minamoto Yoritomo (1147–1199), sah im Traum die Weissagung, daß, wenn er am Ort des heutigen Schreins eine Kultstätte errichten und die dortige Lokalgottheit verehren werde, sein Reich gedeihen werde. Yoritomo tat wie ihm geheißen, und aus der Sorge um das Blühen des Reiches ist heute der Wunsch nach Vervielfachung des Vermögens geworden.

Im Schrein der Benten sieht man übrigens viele Eier als Opfergaben. Der Grund ist einfach: Das heilige Tier, der Bote der Benten ist die Schlange, und Schlangen fressen gern Eier. Die Boten einiger anderer Götter sind ebenfalls allgemein bekannt: Das Tier der Sonnengöttin ist verständlicherweise der Hahn, dem Kriegsgott Hachiman ist die Taube, anderen Göttern sind Hirsche, Affen u.a. heilig. Diese Tiere haben normalerweise keine Funktion. Ausnahme ist der Fuchs (*kitsune*), das heilige Tier des Inari, des Gottes des Handels und Wohlstands. Der Fuchs stiftet Unheil.

Er ist schlau, bösartig und gefährlich. Er liebt es, Menschen zu betrügen. So wird er, in der Gestalt eines hübschen jungen Mädchens, einem müden Wanderer, der sich nachts verlaufen hat, freundlich Quartier bieten. Am nächsten Morgen merkt der Arme dann, daß das Bad, in das er am Abend gestiegen war, eine Jauchegrube ist, sein Kopfkissen ein alter Pferdeknochen und die Schöne, mit der er die Nacht verbracht hat, offenbar ein Fuchs. Der so Betrogene wird dann oft bald darauf sterben[37]. Der Fuchs begegnet dem Menschen aber nicht nur „von außen", er kann auch in ihn fahren. Fuchsbesessenheit (*kitsune-tsuki*) war bis in die Nachkriegszeit eine relativ häufige hysterische Erkrankung, gelegentlich liest man auch heute noch davon.

Eine hübsche Anekdote, der man entnehmen kann, wie das biologische Tier und die Figur des Volksglaubens als eines gesehen wurden, ist von Toyotomi Hideyoshi (1536–1598), einem der drei Reichseiniger, überliefert.[38] Eine Verwandte von ihm litt unter Fuchsbesessenheit, worauf er einen Boten zum Inari-Schrein in Kyōto-Fushimi, dem wichtigsten Inari-Schrein, entsandte und in einem Brief an die Gottheit androhte, daß er im ganzen Land eine große Fuchsjagd durchführen lassen werde, falls die Besessenheit nicht sofort aufhöre.

II. Shintō und Staat

Der Shintō bietet Raum für Privatreligiosität, er ist aber vor allem Gemeinschaftsreligion. Die Shintō-Gottheiten sind primär für ihre jeweilige Gemeinschaft zuständig, also für das Dorf, den Stadtteil, die Provinz, in der ihr Schrein liegt, und in der Verlängerung auch für die größte Gemeinschaft, den Staat. Von daher wird man den Shintō als geborene Staatsreligion bezeichnen können[39]. Gewiß waren historisch gesehen nur sehr wenige Schreine auf den Gesamtstaat bezogen; ein Gemeinschaftsbezug der Schreine bestand zwar, die Schreine waren aber regelmäßig nur für ihre Dörfer, Städte, oder allenfalls Regionen zuständig, also auf eine Vielzahl von Gemeinschaften, die parallel zueinander, unvermittelt nebeneinander bestanden. Ein Staatsbezug war nur in wenigen Ausnahmefällen gegeben[40].

Mit der Einführung von Schreinrängen 1871 (s. u.) hat sich die Lage aber grundlegend geändert. Damals wurden alle Schreine im ganzen Land hierarchisch in Form einer Pyramide geordnet, an deren Spitze die Ise-Schreine und damit das Kaiserhaus und der Staat standen. Damit war der ursprüngliche, isolierte Gemeinschaftsbezug auf die Gesamtgemeinschaft, den Staat, ausgeweitet worden. Die staatlichen Schreinränge wurden nach dem 2. Weltkrieg abgeschafft, sie sind nur noch Erinnerung. Die einmal hergestellte Beziehung zwischen örtlicher und Gesamtgemeinschaft, die Sicht, die Schreine auf ihre lokale oder regionale Gemeinschaft und zugleich auf die umfassende Gemeinschaft bezogen zu sehen, diese Beziehung, diese Sicht ist nicht wieder rückgängig zu machen. Der Shintō kann nicht in seinen früheren Stand der Unschuld zurückkehren, er ist und bleibt geborene Staatsreligion[41].

Und das ist ein Problem, denn die Japanische Verfassung von 1947 bestimmt in Art. 20, daß Staat und Religion strikt zu trennen seien. Auf die heutige Rechtslage wird weiter unten eingegangen werden. Hier sei nur darauf hingewiesen, daß das Trennungssystem das Wesen des Shintō mißachtet und damit seine Glaubensfreiheit verletzt. Diese Feststellung enthält noch kein Urteil, denn das Trennungssystem ist mit gutem Grund eingeführt worden. Als Einstimmung ins Thema bleibt aber festzuhalten, daß hier ein echtes Dilemma vorliegt: Angesichts des Charakters des Shintō ist allgemeine Glaubensfreiheit nur möglich, wenn Staat und Shintō getrennt sind; und eben diese Trennung verletzt die Glaubensfreiheit des Shintō.

1. Der Tennō[42]

Die Meiji-Restauration von 1868, mit der die Grundlagen für einen modernen Staat gelegt wurden, wurde im Namen des Kaisers durchgeführt. Der Tennō diente als Kristallisationspunkt für die mit der herrschenden Ordnung unzufriedenen Elemente. In seinem Namen, um den Kaiser wieder in seine angestammten Herrscherrechte einzusetzen, stürzten sie das Tokugawa-Shogunat.

a. Die historische Funktion des Tennō

Ich habe mich als Student oft gefragt, warum denn die Tokugawa so kurzsichtig waren, die Institution des Tennō bestehen zu lassen. Praktisch die ganze Edo-Zeit hindurch, von 1615 bis weit in das 19. Jahrhundert hinein, herrschten sie unangefochten. Hätten sie in der Zeit ihrer Stärke den Tennō abgeschafft, dann hätten sie vielleicht die Meiji-Restauration verhindern können. Diese Überlegungen waren natürlich richtig, sie hatten nur einen Mangel: Sie waren realitätsfern. Die Existenz des Tennō war auch in der Edo-Zeit notwendig, ihn abzuschaffen wäre nicht möglich gewesen.

Denn: Jegliche Herrschaft bedarf der Legitimation. Wer seine Herrschaft nur auf Macht gründen wollte, würde sehr schnell dem nächsten Machtmenschen zum Opfer fallen. Eine sehr hübsche Formulierung ist hierzu von Talleyrand überliefert. Er soll einmal Napoleon den Rat gegeben haben: „Die Bajonette, Sire, taugen zu allem, nur nicht, sich darauf zu setzen."[43] Dementsprechend gab und gibt es überall Theorien, mittels derer Erwerb und Erhalt von Herrschaft legitimiert werden sollen. Im Abendland waren dies vor allem das Gottesgnadentum und der Gesellschaftsvertrag und in China das Mandat des Himmels, um nur die drei geläufigsten Theorien zu erwähnen. In Japan gab es nichts dergleichen. Die einzige Quelle von Legitimität war in Japan der Tennō. Alle Shogune ließen sich vom Tennō ihr Amt bestätigen, und selbst die drei Reichseiniger (Oda Nobunaga, Toyotomi Hideyoshi, Tokugawa Ieyasu), die am Ende des 16. Jahrhunderts Japan aus dem Zeitalter der Bürgerkriege herausgeführt haben, ließen sich jeweils vom Tennō in angemessene Ämter ernennen, auch wenn jeder von ihnen seine dominierende Stellung aus eigener Kraft errungen hatte.

Der Tennō war also als Quelle der Legitimität unentbehrlich. Da stellt sich die Frage, womit denn die Stellung des Tennō legitimiert wurde.

b. Die traditionelle Legitimation des Tennō

Der Tennō ist mehrfach und unlösbar im Shintō verwurzelt. Erstens galt er – und gilt er teilweise unverändert – als direkter Nachkomme der höchsten Gottheit im Shintō-Pantheon, der Sonnengöttin Amaterasu ōmikami. Wie oben ausgeführt, sandte Amaterasu ihren Enkel Ninigi no mikoto auf die Erde herab. Dessen Urenkel wurde dann als Kaiser Jimmu der erste „menschliche" Tennō, der Reich und Dynastie begründete. Ein genaues Datum für die Reichsgründung ist im *Nihonshoki*, einer 720 erschienenen offiziellen Geschichte Japans, auch angegeben: der 1. Januar 660 v.u.Z., der dann nach Einführung des Sonnenkalenders auf den 11. Februar umgerechnet wurde und seit der Meiji-Zeit staatlicher Feiertag ist. Daß diese Berichte genausowenig historisch sind wie die von Adam und Eva, liegt angesichts der langen Zeitspanne zwischen dem Ereignis und seiner Niederschrift auf der Hand.

Zweitens ist der Tennō Inhaber der drei Throninsignien (*sanshu no shinki*: Spiegel, Schwert und Krummjuwel/en; ob letztere Singular oder Plural sind, ist nicht bekannt). Ihr konkreter Besitz ist Bedingung für die Kaiserwürde; bei längerer Abwesenheit vom Palast, etwa bei Reisen, werden deshalb Schwert und Krummjuwelen immer mitgeführt. Die Inbesitznahme der Throninsignien ist eine der drei Thronbesteigungszeremonien, die sich im Laufe der Geschichte herausgebildet haben (die anderen zwei sind eine von China übernommene Zeremonie, das *sokui no gi,* und das *daijōsai*).

Spiegel, Schwert und Krummjuwelen sind alle mythischen Ursprungs (s. o.). Über mehrere Generationen wurden sie im Kaiserpalast aufbewahrt. Dann wurde es einem Tennō aber offenbar in der Nähe so hochheiliger Gegenstände zu ungemütlich, und er lagerte Spiegel und Schwert aus. Nach einigen Umwegen wurde zu deren Aufbewahrung und Verehrung der Ise-Schrein errichtet, wo der Spiegel noch heute als *shintai* (Gottesleib) die Sonnengöttin verkörpert. Das Schwert kam später nach Nagoya, wo es im Atsuta-Schrein verehrt wird. Von den ursprünglichen Throninsignien sind nur noch die Krummjuwelen im Kaiserpalast. Von Spiegel und Schwert werden als Symbol der Kaiserwürde Duplikate im Palast aufbewahrt.

Drittens ist der Tennō oberster Priester des Shintō. Diese Aussage kann leicht mißverstanden werden, deshalb sei gleich klargestellt: Der

Tennō ist kein Papst der Shintō-Religion, er ist nicht das Oberhaupt einer wie auch immer strukturierten kirchlichen Organisation. Aber: der Tennō führt die wichtigsten, das ganze Land betreffenden Zeremonien durch. Vor allem sind dies das *niinamesai*, das Kosten des neuen Reises, inzwischen zur Danksagung an die Ahngöttin für die gute Ernte gewandelt, und das *toshigoi no matsuri*, die Bitte um gute Ernte zur Zeit des Reispflanzens. Das erste *niinamesai* nach einem Thronwechsel wird in besonders großem Rahmen begangen und trägt die Bezeichnung *daijōsai*. Der Zentralritus des *daijōsai* ist geheim, über seine Durchführung gibt es kaum Informationen; gesichert erscheint nur, daß in seinem Mittelpunkt das gemeinsame Mahl des neuen Tennō mit seiner Ahngöttin steht.

Nach shintoistischer Vorstellung werden in den Zeremonien die verehrenden Menschen mit den verehrten Gottheiten eins[44]. Dies gilt allgemein, ganz besonders aber für das *daijōsai*. Im *daijōsai*, im gemeinsamen Mahl, wird der Tennō eins mit seiner Ahngöttin. Er ist nicht nur ihr direkter Nachkomme, er verkörpert sie auch, ist mit ihr – wie übrigens auch mit seinen anderen Vorfahren – identisch.

Und viertens beruht die Herrscherposition des Tennō auf direktem göttlichen Auftrag. Als die Sonnengöttin ihren Enkel Ninigi no mikoto auf die Erde hinabschickte, tat sie dies mit den Worten: „Dieses Land der eintausendfünfhundert herbstlichen frischen Ähren des Schilfgefildes ist die Region, welche meine Nachkommen als Herrscher beherrschen sollen. Gehe du, mein souveräner erlauchter Enkel, hin und regiere es! Möge das Blühen und Gedeihen der himmlischen Dynastie wie Himmel und Erde ohne Ende dauern!“[45]

Diese vierfache Verwurzelung des Tennō im Shintō sowie eine Unzahl weiterer, konkreter Querverbindungen, die insbesondere in der Meiji-Zeit forciert wurden, lassen sich in einem Schlagwort zusammenfassen: Der Tennō war lebender, gegenwärtiger Gott (*arahitogami* oder *akitsumikami*).

c. Die Nachkriegsreformen und ihre Grenzen

Diesem Glauben setzte der Tennō dann – anscheinend – ein Ende, als er in seiner Neujahrsbotschaft vom 1. Januar 1946 scheinbar nebenbei erklärte: „Die Bande zwischen Uns und Unserem Volk beruhten immer auf gegenseitigem Vertrauen und gegenseitiger Verehrung und sind keineswegs Produkte reiner Mythen und Legenden. Sie beruhen nicht auf dem Wahn, der Tennō sei ein gegenwärtiger Gott und das japanische

Volk anderen überlegen, oder es hätte gar die Aufgabe, die Welt zu beherrschen.“[46]

Zuvor schon, am 15. Dezember 1945, hatte die amerikanische Besatzungsmacht in einer Anordnung an die japanische Regierung[47] den Staats-Shintō (s.u.) verboten, der in der Meiji-Zeit zur religiösen Abstützung des Kaisers geschaffen worden war. Die Maximen der Shinto Directive wurden dann in die neue Verfassung von 1947 übernommen, deren Art. 20 eine strikte Trennung von Staat und Religion nach amerikanischem Vorbild verfügte. Außerdem, und das war vielleicht die gravierendste Reform, führte die Verfassung die Volkssouveränität ein. Artikel 1 bestimmt:

> „Der Kaiser ist das Symbol Japans und der Einheit des japanischen Volkes. Seine Stellung ist auf den Willen des japanischen Volkes gegründet, bei dem die oberste Gewalt ruht.“[48]

Der Tennō war nicht nur vom Inhaber aller Herrschaftsgewalt (Art. 4 Meiji-Verfassung) zum Symbol herabgestuft worden. Wichtiger noch war, daß nun nicht mehr der Kaiser sondern das Volk die Grundlage des Staates war und die Legitimation der Herrschaft lieferte. In diesem Zusammenhang war es nur konsequent gewesen, die Göttlichkeit des Tennō zu verneinen und ihm seine religiöse Stütze, den Staats-Shintō, zu nehmen.

Damit schien ein vollkommener Bruch mit der Vergangenheit vollzogen, eine völlig neue Lage geschaffen worden zu sein.

Aber: Es gibt durchaus Stimmen, die unter Berufung auf die Glaubensfreiheit dem Kaiser das Recht verwehren, anderen zu verbieten, an seine Göttlichkeit zu glauben.[49]

Der Tennō ist auch weiterhin oberster Priester des Shintō. Auf dem Palastgelände gibt es unverändert die „3 Schreine des Kaiserhofs“ (*kyūchū-sanden,* Abb. 27), in denen je der Spiegel, also die Sonnengöttin, die kaiserlichen Ahnen sowie alle Götter verehrt werden. Jeden Morgen bezeigt ein Kämmerer stellvertretend für den Kaiser den Schreinen seine Verehrung. Dort finden auch jährlich ca. 20 Shintō-Zeremonien unter Teilnahme des Tennō statt, von denen er die wichtigsten selbst durchführt. Zumindest an einem von diesen, dem *niinamesai*, dem Erntedankfest, nehmen auch die Spitzen des Staates teil: der Ministerpräsident, die Präsidenten des Unter- und Oberhauses und der Präsident des Obersten Gerichtshofs.

Zum Ise-Schrein, wo das Original des Spiegels als Verkörperung und Symbol (*shintai*) der Sonnengöttin verehrt wird, wie auch zu einer Reihe anderer ausgewählter Schreine, den sog. *chokusaisha*, entsendet der

Tennō zu deren Festtagen wie auch aus besonderem Anlaß Boten mit Opfergaben.

Geblieben sind auch die drei Throninsignien. Sie gelten heute als Privatbesitz des Kaiserhauses, doch mit der Einschränkung, daß sie bei der Thronfolge zu vererben sind[50]. Eine Veräußerung ist also ausgeschlossen, der Privatbesitz ist durchaus eingeschränkt. Die Inbesitznahme der drei Throninsignien, traditionellerweise *senso* genannt, ist die erste Thronfolgezeremonie. Beim Wechsel von Shōwa Tennō (im Westen unter seinem Namen Hirohito bekannt) zum heutigen Kaiser wurde sie bereits wenige Stunden nach dem Tod des Shōwa Tennō durchgeführt. In Wirklichkeit werden dabei allerdings nur Schwert und Krummjuwelen vom Lager des verstorbenen Monarchen zum Aufenthaltsort seines Nachfolgers überbracht; der Spiegel wird an einem anderen Ort aufbewahrt und wird nicht bewegt. Beim letzten Thronwechsel 1989 wurden gemeinsam mit den Throninsignien auch Amts- und Staatssiegel übergeben.

Die Zeremonien anläßlich des Thronwechsels 1989/90 waren alle mehr oder minder stark religiösen Charakters. Dies trifft insbesondere für das *daijōsai* zu, eine der drei Thronfolge-Zeremonien und damit eine der drei Zeremonien, die die Stellung des Tennō begründen. Zugleich unterstreicht das *daijōsai* in besonders deutlicher Weise die Verwurzelung des Tennō im Shintō: Das Objekt der Zeremonie, die Sonnengöttin Amaterasu ōmikami, die Durchführung in shintoistischen Formen, sowie ihr Ergebnis, die Einswerdung des Tennō mit der Gottheit und deren Verkörperung durch den Tennō, wodurch dieser erst wirklich zum Tennō wird, machen über jeden Zweifel hinaus deutlich, was die Grundlage des Tennō ist, woher er seine Legitimität bezieht.

Und eben dies machte das Dilemma aus, vor dem die Regierung stand. Denn wenn die in Art. 1 der Verfassung proklamierte Volkssouveränität Realität ist, und wenn die Grundlage des Tennō nicht der Shintō bzw. seine shintoistische Ahngöttin ist, sondern der „Wille des japanischen Volkes, bei dem die oberste Gewalt ruht“ (Verf. Art. 1), dann hat der unmittelbarste Ausdruck des Willens dieses souveränen Volkes, nämlich die Verfassung, Vorrang vor allen anderen Erwägungen, auch vor den Traditionen des Kaiserhauses. Und die Verfassung besagt in Art. 20 Abs. 3: „Der Staat und seine Organe haben sich der religiösen Erziehung und jeder anderen Art religiöser Betätigung zu enthalten.“ Andererseits konnte es sich die Regierung aber – selbst wenn sie es gewollt hätte – natürlich nicht erlauben, gerade in diesem Punkt den breiten gesellschaftlichen Konsens zu verlassen und die Thronfolgezeremonien tatsächlich in säkulare Veranstaltungen umzuwandeln. Die Thronfolgezeremonien wurden also in Shintō-religiösen Formen durchgeführt. Ob dies mit der in Art. 1 der Verfassung proklamierten Volkssouveränität in Einklang stand, sei hier nur dahingestellt. Als unbestreitbar erscheint jedenfalls, daß dadurch zumindest die Erklärung des Shōwa Tennō (Kaiser Hirohito) zu seinem Menschtum teilweise zurückgenommen wurde.

2. *Der Staats-Shintō*

Die mit den Tokugawa unzufriedenen Kräfte hatten das Tokugawa-Shogunat im Namen des Kaisers, unter dem Schlagwort „verehrt den Kaiser, vertreibt die Barbaren“ (*sonnō-jōi*) gestürzt. Das neue Regime beruhte auf der Fiktion der Rückkehr zu den Zuständen des Altertums, der Wiedererrichtung der kaiserlichen Direktherrschaft.

a. Die Errichtung des Staats-Shintō

Die direkte Nutzbarmachung des Tennō als Grundlage und Mittelpunkt des neuen Staates machte es notwendig, nun seinerseits auch den Tennō abzustützen. Angesichts der Fundierung des Tennō im Shintō konnte diese Abstützung nur in einer Stärkung des Shintō bestehen.[51]

Hierfür mußte allerdings zunächst der Shintō wiederhergestellt werden: Seit dem Altertum waren Shintō und Buddhismus so vielfältige Verbindungen eingegangen (s.u.), daß oft nicht mehr auseinanderzuhalten war, welche Elemente der als Folge davon entstandenen Mischreligionen nun buddhistisch und welche shintoistisch waren. Die Regierung verfügte deshalb schon kurz nach der Meiji-Restauration die Trennung der beiden Religionen, womit sie auf eine Säuberung des Shintō von buddhistischen Elementen abzielte. Eine Unterdrückung des Buddhismus war mit dieser Politik nicht bezweckt. Der Buddhismus war für das neue Regime nicht relevant, und also gleichgültig. Im Ergebnis allerdings führte die Trennung von Shintō und Buddhismus zu einer – je nach Region, wo die konkreten Entscheidungen fielen, unterschiedlich intensiven – antibuddhistischen Bilderstürmerei (*haibutsu-kishaku*), der zahllose Tempel und andere Kulturgüter zum Opfer fielen. Wo sich auf dem Gelände eines Tempels eine kleine shintoistische Kultanlage fand, was meist der Fall war, wurde nur allzu oft die Gesamteinrichtung zum Schrein erklärt und von ihren buddhistischen Einflüssen gesäubert. Wo kein Schrein auf dem Tempelgelände stand, wurde der Tempel gleichwohl öfters abgerissen. Straßengräben wurden mit Buddhastatuen und buddhistischem Kultgerät aufgefüllt, Pagoden verbrannt, um anschließend das beim Bau verwendete und nun eingeschmolzene Kupfer als Altmetall verkaufen zu können.

Für den dergestalt wiederhergestellten reinen Shintō wurde in der Zentralregierung eine eigene Behörde eingerichtet, das Amt für Schreinwesen (*jingikan,* wörtlich: Götter-Amt). Rang, Stellung, Kompetenzen und Name dieser Behörde änderten sich ständig. Auf ihrem Höhepunkt war sie unabhängig von der weltlichen Regierung und dieser sogar – zumindest protokollarisch, wenn auch nicht machtmäßig – übergeordnet. Und auch auf ihrem Tiefpunkt hatte sie immerhin noch den Rang einer Abteilung im Innenministerium. Wie immer aber auch ihre Stellung gestaltet war, wichtig war, daß der Shintō von einer eigenen staatlichen Stelle geleitet wurde, daß er aus der Reihe der anderen Religionen herausgehoben war.

Der Staat bekundete sein Interesse am Shintō auf vielfältige Weise: Die Schreine wurden zu „Kultstätten des Staates" (*kokka no sōshi*) erklärt, der Privatbesitz an Schreinen und die Erblichkeit des Priesteramtes aufgehoben. Die Priester – später nur die der großen Schreine – wurden verbeamtet bzw. Beamten gleichgestellt, ihre Organisation und Rangstufen vereinheitlicht. Die wichtigeren Schreine wurden staatlich – sehr bescheiden – subventioniert, bei den kleinen die Finanzierung reguliert. Bestimmungen zur landesweiten Vereinheitlichung des Zeremoniells wurden erlassen.

b. Die Schreinpyramide

Besondere Hervorhebung verdienen zwei Maßnahmen aus dem Jahr 1871. Gleichzeitig mit der Erklärung der Schreine zu staatlichen Einrichtungen wurde ein System von Schreinrängen (*shakaku*) erlassen, mittels dessen die Schreine landesweit in eine pyramidenförmige Rangordnung gebracht wurden (Skizze 1). Die Ise-Schreine (*Ise-jingū*) hatten keinen Rang, sie standen über allen Rängen an der Spitze der Schreinpyramide. Darunter folgten in absteigender Rangfolge zwei parallele Stränge von Staatsschreinen (*kansha*), je in drei Stufen unterteilt und auf der dritten Stufe noch durch eine zusätzliche Kategorie, die Reichsschreine der Sonderklasse (*bekkaku kanpeisha*) angereichert, dann die Regierungsbezirks- und Präfekturschreine (*fu/ken-sha*), die Kreisschreine (*gōsha*), Dorfschreine (*sonsha*), und schließlich die große Gruppe der ranglosen Schreine (*mukakusha*). Letzteres war natürlich kein Schreinrang; diese Schreine wurden aber in allen Statistiken mit aufgeführt, weshalb sie wohl als Quasi-Schreinrang zu werten sind. Die

Reichs- und Landesschreine (*kanpeisha, kokuheisha*) werden zusammenfassend als Staatsschreine bezeichnet, die Schreine darunter als Volksschreine (*minsha*).

(Skizze 1: Die Schrein-Pyramide von 1871)

Einige Monate später wurde bestimmt, daß jedermann Mitglied einer Schreingemeinde (*ujiko*) werden müsse. Diese Maßnahme der Religionskontrolle stand in der Tradition der Edo-Zeit (1600–1868), als, zur Abwehr des Christentums, jeder Japaner der Gemeinde eines buddhistischen Tempels angehören mußte. Im Unterschied zur Edo-Zeit jedoch hatte die neuerliche Verfügung keinen praktischen Zweck; sie wurde deswegen auch bald wieder aufgehoben. Die Wirkung war aber bereits erzielt. Die Grenzziehung zwischen den „Territorien" der einzelnen Schreine war erfolgt, und für jedermann war die Zugehörigkeit zu seiner Schreingemeinde geregelt[52]. Damit war jeder Japaner, war das ganze japanische Volk über den jeweils zuständigen Schrein und über die diversen Stufen der Schreinpyramide mit dem Ise-Schrein, und das heißt mit Kaiserhaus und Staat verbunden.

c. Einheit von Kult und Regierung (*saisei-itchi*)

Die Einrichtung der Schreinpyramide und die Anbindung des Volkes waren sicherlich zwei zentrale Maßnahmen bei der Errichtung des Staats-Shintō. Seine Besonderheit läßt sich jedoch am deutlichsten bei historischer Betrachtung erkennen.

Nach der Meiji-Restauration 1868 hatte die neue Regierung den von buddhistischen Einflüssen gesäuberten Shintō als Staatsreligion etabliert. Diese Entscheidung lag nahe, weil das neue Regime auf dem Tennō beruhte, der seinerseits im Shintō verwurzelt war. Der Shintō wurde als Religion ernstgenommen und der Politik als gleichrangig erachtet, und ihm wurde die Stellung im Staate zugewiesen, die ihm seinem Selbstverständnis nach zukam. Damals wurde der Versuch unternommen, die Idee der Einheit von Kult und Regierung (*saisei-itchi*) in die Wirklichkeit umzusetzen[53].

Zur Erklärung dieser Ideologie sollen zwei Beispiele genügen: Die erste Grundsatzerklärung über den Kurs des neuen Regimes nach der Meiji-Restauration erfolgte in der Form eines Eides, den der Tennō im April 1868 seinen Ahnen und den anderen Göttern leistete. Die Spitzen von Regierung und Staatsverwaltung, die selbstverständlich auch an dieser Zeremonie teilnahmen, waren nur sekundär die Adressaten dieses sog. 5-Artikel-Eids. Und als 1889 die Meiji-Verfassung erlassen wurde, wurden zunächst kaiserliche Boten zu den wichtigsten Schreinen des Landes sowie zu einigen Kaisergräbern entsandt, die dort das Ereignis ankündigten. Parallel dazu teilte der Tennō am Vormittag des Tages der Verfassungsverkündung in Zeremonien in den 3 Schreinen des Kaiserhofs seiner Ahngöttin, seinen Ahnen sowie den anderen Gottheiten seine Entscheidung mit und betete um gutes Gelingen. Am Nachmittag erst folgte dann die weltliche Zeremonie, in deren Verlauf der Tennō dem Ministerpräsidenten die Verfassungsurkunde überreichte.

Die Etablierung des Shintō als Staatsreligion war der Versuch, mit einem Konzept des Altertums die Probleme zu lösen, die der Aufbau eines neuzeitlichen Staates stellt. Der Versuch schlug fehl. Der Shintō erwies sich als zu schwach, die ihm vom Staat zugewiesene Stellung auszufüllen und sich zu einer das geistige Leben des Landes prägenden, die Richtung der politischen und gesellschaftlichen Entwicklung bestimmenden Kraft zu entfalten.

Das heißt nicht, daß die Etablierung des Shintō als Staatsreligion keine Wirkung gehabt hätte. Die Bereitstellung des Tennō und seine religiöse Absicherung hatten entscheidend zur Bewahrung der Einheit des Landes und damit zur Bewahrung seiner nationalen Unabhängigkeit beigetragen. Japan hat sich damals weder aufgespalten, noch ist es Kolonie geworden. Zugleich stellte der Shintō in seiner Form als Staatsreligion eine ideale Verständnis-Matrix für die Modernisierung Japans bereit. Dank der ihm eigenen Kombination von inhaltlicher Leere mit einer Betonung des äußeren Rahmens bekräftigte und erneuerte er die Anschauungen[54], mittels derer fremde Konzepte und Systeme in Japan rezipiert werden konnten, ohne die eigene Identität zu beeinträchtigen. Das treffendste konkrete Beispiel dürfte der fünfte Artikel des o.g. 5-Artikel-Eides sein: „Kenntnisse aus allen Teilen der Welt müssen erworben werden, um dadurch den kaiserlichen Staat von Grund auf zu fördern." Dies war ein eleganter Kunstgriff, der es möglich machte, all die notwendigen Reformen von der Technik bis zum Rechtswesen, von der Wirtschaft bis zur Erziehung durchzuführen und dabei dennoch die eigene Identität zu bewahren.

d. Umwandlung zur Lehrreligion

Der Umstand, daß die Shintō-Politik der frühen Meiji-Zeit auch positive Auswirkungen hatte, änderte aber nichts daran, daß sie letztlich doch ein Fehlschlag war: Der Shintō hatte sich als ungeeignet erwiesen, die ihm zugedachte Rolle einer ausgewachsenen Staatsreligion auszufüllen.

Der Staat stellte sich auf diese Erkenntnis ein, indem er die offizielle Stellung des Shintō seiner wirklichen Bedeutung anpaßte und ihn zu einem staatlichen Werkzeug herabstufte. Der Shintō sollte Träger der „Bewegung zur Verbreitung der Großen Lehre" (*daikyō-senpu undō*) werden, einer vom Staat initiierten religiös-moralisch-politischen Aufklärungsbewegung, mittels derer die Bevölkerung über die Legitimation, den Charakter und die Politik des neuen Regimes informiert werden sollte. Organisation, Lehrinhalte und Propagierungsmethoden wurden vom Staat bestimmt; die Durchführung wurde den Religionen, insbesondere dem Shintō übertragen.

Im Juni 1872 wurde per Erlaß verfügt, daß über die drei Themenkomplexe Verehrung der Götter und Liebe zum Vaterland, Naturgesetze und menschliche Moral, und Unterordnung unter die Herrschaft des Kaisers Predigten gehalten werden sollten. Predigten, die sich mit anderen Themen befaßten, waren verboten. Zur Konkretisierung der drei Lehrkomplexe wurden im folgenden Jahr insgesamt 28 Predigtthemen erlassen, die teils religiöser, teils ethischer, teils politisch-aufklärerischer Natur waren: Die Erschaffung der Welt durch die himmlischen Götter, die Scheidung der Welt in Diesseits und Jenseits, das Verhältnis zwischen Herrscher und Untertan, Vater und Sohn, Mann und Frau, Patriotismus, Rechte und Pflichten, landwirtschaftliche und industrielle Produktion, nationaler Wohlstand und militärische Stärke – um ein paar repräsentative Beispiele zu nennen. Es war der geradezu atemberaubende Versuch, den Kernbereich des Shintō auszuwechseln: Statt des Kultes sollten nunmehr Lehren in seinem Mittelpunkt stehen. Und da der Shintō gerade im Bereich von Lehre und Glaubensverbreitung Schwächen aufwies, lieferte der Staat nicht nur die Lehren gleich mit, er aktivierte auch den Buddhismus, den er – in untergeordneter Position – in die Aufklärungsbewegung integrierte.

Der Versuch, Shintoisten und Buddhisten in gemeinsamen Institutionen zusammenzufassen und sie in gemeinsamer Lehrtätigkeit einzusetzen, war von Anfang an zum Scheitern verurteilt. Er mißachtete den Charakter des Shintō, der eben keine Lehrreligion war, und er mißachtete die tatsächlichen Stärkeverhältnisse: In der gemeinsamen Aufklärungsbewegung dominierten die Shintoisten; die Buddhisten waren gezwungen, fremde Lehren zu verkünden und Shintō-Götter in shintoistischen Formen zu verehren; in den gemeinsamen shintoistisch-buddhistischen Einrichtungen nahmen sie untergeordnete Positionen ein. Dies änderte aber nichts daran, daß die Buddhisten durch ihre bessere Ausbildung und durch ihre Erfahrung im Predigen den ihnen übergeordneten Shintoisten in allen Fragen von Lehre und Predigt sachlich weit überlegen waren.

Buddhistische Widerstände führten schon drei Jahre nach Beginn der Aufklärungsbewegung zu einer Trennung der beiden Religionen. Shintoisten und Buddhisten unterhielten hinfort jeweils eigene Organisationen für die Aufklärungsbewegung. Die Bewegung selbst wurde noch einige Jahre – mit sinkendem Eifer – weitergeführt, bis sie 1884 endgültig eingestellt wurde.

Über ihren Erfolg oder Mißerfolg läßt sich streiten. Letztlich handelt es sich dabei um die Frage: „Was wäre gewesen, wenn …“, deren Beantwortung naturgemäß nicht möglich ist. In einem Sinne jedoch war die Religionspolitik ab 1872 ein eindeutiger Fehlschlag: Sie konnte weder in ihrer damaligen Form, noch modifiziert fortgeführt werden; sie hatte sich als Sackgasse erwiesen. Der Versuch, mit der religiös-moralisch-politischen Aufklärungsbewegung den Shintō in eine den staatlichen Bedürfnissen entsprechende und staatlich definierte Lehrreligion umzuwandeln, und dieses künstliche Gebilde durch Einbindung des Buddhismus zu stärken, war an der mangelnden Einheitlichkeit und der mangelnden Einheit der Träger der Aufklärungsbewegung, an der religiösen Schwäche ihrer Inhalte, und auch an der unaufhaltsamen Säkularisierung des Staates gescheitert, zu der die unverhüllte Vermengung von Politik und Religion im Widerspruch stand. Vor allem aber hatte es sich als illusorisch erwiesen, den Shintō unter souveräner Mißachtung seines Wesens in sein Gegenteil verkehren zu wollen.

e. Trennung von Kult und Lehre

Ein Neuanfang war notwendig. Einen Anknüpfungspunkt boten die Reformmaßnahmen von 1872. Im Zusammenhang mit der Umwandlung des Shintō in eine Lehrreligion hatte man damals die Zuständigkeit für

Fragen des Kultes dem für die Religionen zuständigen Ministerium entzogen und einer anderen, mit Fragen des Kaiserhauses befaßten Regierungsbehörde zugewiesen. Einige zentrale Kultstätten waren an den Hof verlegt worden. Es war der – allerdings nicht konsequent durchgeführte – Versuch, den Kult von der Lehre abzutrennen. Was damals unvollkommen geblieben war, wurde nun mit umgekehrten Vorzeichen vollendet: Der Shintō wurde in einen nationalen Kult umdefiniert, der von der Lehre und, so weit wie irgend möglich, von religiösen Elementen gesäubert wurde.

Parallel zum allmählichen Auslaufen der Aufklärungsbewegung, und verstärkt dann bei deren Einstellung, waren die sogenannten Shintō-Sekten, deren Zahl bis 1909 auf insgesamt 13 anwuchs, in die Unabhängigkeit entlassen worden (s.o.). Damit stand ein Träger für die religiösen Aspekte des Shintō zur Verfügung. Vor diesem Hintergrund erfolgte 1882, zwei Jahre vor der endgültigen Einstellung der Aufklärungsbewegung, die wichtigste Maßnahme auf dem Weg zur Trennung von Kult und Religion: Den Shintō-Priestern wurde per Erlaß verboten, weiterhin in der Aufklärungsbewegung mitzuarbeiten oder Begräbnisse durchzuführen. Beide Verbote waren extensiv gemeint und bedeuteten im Klartext, daß an den Schreinen künftig weder religiöse Lehren verbreitet, noch religiöse Handlungen durchgeführt werden durften.

Hiermit wurde das Ziel verfolgt, den Shintō in einen Staatskult umzuwandeln, der, da areligiös, für jedermann verbindlich erklärt werden konnte. Es war der zweite und diesmal erfolgreiche Versuch, das altertümliche Konzept des *saisei-itchi*, der Einheit von Kult und Regierung, den Bedürfnissen der Neuzeit entsprechend weiterzuentwickeln.

Voraussetzung für die Wirksamkeit dieses Staatskults war, die Verbindung zu den religiösen Aspekten des Shintō, auf denen er ja basierte, einerseits so schwach zu gestalten, daß sie geleugnet werden konnten, und andererseits so stark, daß sie wirksam blieben. Denn hätten die Shintō-Schreine nach 1882 tatsächlich jegliche religiöse Handlungen unterlassen müssen, dann hätte der Kult an den Schreinen keine Wirksamkeit entfalten können und wäre für den Staat wertlos gewesen. Und wenn umgekehrt beispielsweise nur die Verbreitung religiöser Lehren verboten worden wäre, ohne Beschränkung der religiösen Handlungen, dann hätte jedermann durchschaut, daß die Areligiosität des Staatskults eine Fiktion ist, was ebenfalls seine Wirksamkeit zunichte gemacht hätte.

Die Regierung löste die Aufgabe, den „richtigen Abstand" zwischen Religion und areligiösem Kult festzulegen, in geradezu genialer

Weise. Der Verbotserlaß von 1882 war mit einer Nachschrift versehen, derzufolge an den Präfekturschreinen und darunter, also an der überwältigenden Mehrzahl aller Schreine, „bis auf weiteres" alles beim alten bleiben solle, wobei das „bis auf weiteres" in Wirklichkeit auf Dauer bedeutete. Auf diese Weise war nicht nur klargestellt, daß die Schreine grundsätzlich areligiöse Kultstätten des Staates waren; an einer kleinen aber bedeutenden Minderheit der Schreine – den ranghöchsten, dem Staat am nächsten stehenden Schreinen – war dieser Grundsatz auch im Prinzip in die Realität umgesetzt worden. Andererseits aber konnte das Verbot religiöser Aktivitäten natürlich nichts daran ändern, daß die religiösen Grundvorstellungen an den angeblich areligösen Staatsschreinen mit denen der – „bis auf weiteres" religiösen – Volksschreine identisch waren, daß in beiden Schrein-Kategorien dieselben Götter aufgrund derselben Vorstellungen in im wesentlichen gleichen Formen verehrt wurden. Die an den Volksschreinen gepflegten religiösen Gefühle und ihr religiöser Glaube strahlten automatisch auf die Staatsschreine aus. Der „staatliche" Shintō hatte den „religiösen" zur Voraussetzung, der erstere wäre ohne den letzteren nicht denkbar gewesen.

Die hier skizzierte Trennung von Kult und Religion war Voraussetzung und wesentlicher Inhalt des Staats-Shintō. Durch diese Trennung erst wurde aus der Staatsreligion Shintō – aus einer der üblichen Staatsreligionen – der Staats-Shintō. Die Trennung von Kult und Religion hinterließ neben dem offiziell als Religion anerkannten Sekten-Shintō einen von diesem geschiedenen, von religiösen Lehren und religiösen Praktiken gesäuberten „nationalen Kult", der an „Kultstätten des Staates" – den Schreinen[55] – von staatlich ernannten Priestern unter teilweiser Mitwirkung hoher Staatsbeamter zu staatlichen Zwecken durchgeführt wurde. Dieser staatliche Kult wurde offiziell nicht als Religion angesehen. Daß es sich indes bei der Betrachtung des Staats-Shintō als areligiös, die hier begann, um eine Fiktion handelte, bedarf keiner weiteren Erläuterung.

Die Trennung von Kult und Religion und die Eingliederung des Kultes in den Bereich des Staatlichen bedeutete zugleich Trennung von Religion und Staat. Der Bestand einer Staatsreligion war damit – abgesehen natürlich vom Staats-Shintō, der ja aber angeblich keine Religion war – unmöglich geworden. Dementsprechend enthielt dann auch die einzige die Religion betreffende Bestimmung der Verfassung von 1889, der Artikel 28, lediglich eine Garantie der Glaubensfreiheit. Er lautete:

> „Japanische Untertanen genießen die Freiheit des religiösen Glaubens, sofern sie die öffentliche Ruhe und Ordnung nicht stören und ihre Pflichten als Untertanen nicht verletzen.“

Die zweite Einschränkung war gravierend, denn sie umfaßte nicht nur die Pflicht Steuern zu zahlen, die Wehrpflicht usw., sondern auch die Pflicht der Treue zu Staat und Kaiserhaus und die der Verehrung der Kultstätten von Staat und Kaiserhaus.

f. Stärke und Funktionen des Staats-Shintō

Die große Stärke, die der Staats-Shintō erlangen sollte, beruhte vor allem auf dem Zusammenspiel der beiden Fiktionen, auf denen er beruhte: daß der Shintō aus einem religiösen und einem staatlich-kultischen Teil bestehe, und daß letzterer areligiöser Natur sei. Durch die Leugnung seines religiösen Charakters wurde der Staats-Shintō zugleich der Relativierung wie überhaupt jeder rationalen Diskussion entzogen. Zu der letztgenannten Wirkung trug auch bei, daß die zentrale Erscheinungsform des Staats-Shintō der Kult war und nicht die Belehrung. Zeremonien aber wirken auf das Gefühl; zu Zweifeln oder mentalen Vorbehalten provozieren sie nicht.

Bis zum Ende des 2. Weltkriegs war der Staats-Shintō die offizielle Ideologie Japans. Als solche hatte er tiefgreifende Auswirkungen auf das geistige Leben und die politische Entwicklung des Landes. Drei Funktionen des Staats-Shintō müssen besonders hervorgehoben werden: Erstens wirkte der Staats-Shintō durch seine Gleichsetzung von religiösen und staatsbürgerlichen Pflichten als Gleichschaltungsideologie. Zweitens trug der Staats-Shintō mit seiner Lehre, daß Japan als erstes Land von den Göttern geschaffen worden, daß die Japaner von den Göttern abstammen und daß die Herrschaft in Japan auf göttlichen Befehl eingesetzt worden sei, daß Japan also ein „Land der Götter“ sei, zum Chauvinismus der Vorkriegs- und Kriegszeit bei. Und drittens wurde der Staats-Shintō durch seine Legitimierung der Stellung des Tennō, der aber normalerweise nichts selbst entschied sondern seinerseits auch nur die jeweilige Regierung legitimierte, zur indirekten ideologischen Stütze jeder Regierung, gleich welcher Couleur. Der Staats-Shintō legitimierte liberale wie autoritäre Regierungen, er legitimierte jede Herrschaft. Es wäre da verfehlt, den Staats-Shintō direkt für das totalitäre Regime der Vorkriegs- und Kriegszeit verantwortlich zu machen. Schließlich bot die Zeit seines Bestehens auch Raum für die sog. Taishō-Demokratie, eine Periode gesellschaftlicher und politischer Liberalität, die von 1913 bis in die Mitte der 1920er Jahre andauerte. Es ist aber nicht zu bestreiten, daß dem Staats-Shintō eine Neigung zum Totalitarismus immanent war, und vor allem trug seine blinde Herrschaftslegitimierung dazu bei, daß sich oppositionelle Bewegungen gegen die totalitären Tendenzen in den 30er Jahren nicht herausbilden konnten, bzw. daß sie wirkungslos blieben.

3. Shintō und Staat heute[56]

Die historische Erfahrung mit dem Staats-Shintō veranlaßte die amerikanische Besatzungsmacht im Dezember 1945 zum Erlaß der sog. Shinto-Direktive[57], mit der der Staats-Shintō abgeschafft wurde. Ihre Maximen wurden dann auch in der Verfassung von 1947 festgeschrieben, deren Art. 20 eine strikte Trennung von Staat und Religion verfügt. Art. 20 lautet:

> „Jedermann ist die Freiheit des religiösen Bekenntnisses gewährleistet. Keine religiöse Gemeinschaft darf vom Staat mit Sonderrechten ausgestattet werden oder politische Macht ausüben.
> Niemand darf gezwungen werden, an religiösen Handlungen, Festen, Feiern oder Veranstaltungen teilzunehmen.
> Der Staat und seine Organe haben sich der religiösen Erziehung und jeder anderen Art religiöser Betätigung zu enthalten."

Und zur Absicherung der Trennung verbietet Art. 89 zusätzlich die Verwendung öffentlicher Mittel für religiöse Zwecke. Art. 89 lautet:

> „Öffentliche Geldmittel und anderes öffentliches Vermögen dürfen zur Verwendung durch religiöse Unternehmungen oder Vereinigungen, zu deren Gunsten oder Erhaltung, sowie für mildtätige, bildende oder wohltätige Werke, die nicht der öffentlichen Aufsicht unterstehen, weder ausgegeben noch zur Verfügung gestellt werden."

Mit dem in den Artikeln 20 und 89 verankerten System der Trennung von Staat und Religion, mit der Neujahrsansprache des Tennō von 1946, in der er sich als Mensch deklarierte, und mit dem Übergang zur Volkssouveränität in Artikel 1 der Verfassung war das gesamte staatsreligiöse System, wie es seit der Mitte der Meiji-Zeit in Kraft war, aufgehoben und der Staat auf eine völlig neue Basis gestellt worden. Zugleich waren die alten Probleme durch neue ersetzt worden.

Wie eingangs festgestellt, ist der Gemeinschaftsbezug – und seit der Meiji-Zeit schließt das den Staatsbezug ein – ein konstituierendes Element des Shintō. Eben dieser Staatsbezug wird von der geltenden Verfassung mit ihrem System der Trennung von Staat und Religion negiert. Trotz aller grundsätzlichen Staatsbejahung kann der Shintō da gar nicht anders als sich gegen die Verfassung zu stellen und zu versuchen, das Trennungssystem zu überwinden.

a. Reichsgründungstag (*kenkoku kinen no hi*) und Jahreszählung (*gengō*)

Der erste erfolgreiche Schritt zu einer Wiederannäherung von Shintō und Staat war 1966 die Wiedereinführung des Reichsgründungstags (*kenkoku kinen no hi,* vor dem Kriege *kigen-setsu* genannt). An diesem Tag wird, wie oben erwähnt, der Reichsgründung durch Kaiser Jimmu am 1. Januar 660 v.u.Z. gedacht. Nach Einführung des Sonnenkalenders in der Meiji-Zeit wurde der 1. Januar auf den 11. Februar umgerechnet. Das Datum geht auf einen Bericht in dem Geschichtswerk *Nihonshoki* zurück, das 720 n. Chr. veröffentlicht wurde. Zwischen Ereignis und Niederschrift liegen also 1380 Jahre. Der Bericht über die Reichsgründung ist im 3. Buch des *Nihonshoki* enthalten, mit dem die Annalen der menschlichen Kaiser beginnen. Buch 1 und 2 behandelten das Götterzeitalter. Aber wenn auch bereits menschlich, war Kaiser Jimmu doch der Urenkel des Enkels der Sonnengöttin, und seine Mutter war eine Tochter des Meergottes. Der Reichsgründungstag basiert auf der Shintō-Mythologie.

Dieser Reichsgründungstag, der übrigens erst seit der Meiji-Zeit als Feiertag begangen wurde, hatte ursprünglich bereits 1948, als das „Gesetz über die Feiertage des Volkes“ erlassen wurde, wieder staatlicher Feiertag werden sollen. Das scheiterte am Widerspruch der amerikanischen Besatzungsmacht. Und nach der Wiedererlangung der japanischen Souveränität 1952 führten der verbissene Widerstand von Opposition und öffentlicher Meinung dazu, daß ein entsprechender Gesetzentwurf erst 1957 im Parlament eingebracht werden konnte, und daß es dann noch neun Jahre dauerte, bis der Reichsgründungstag 1966 wieder staatlicher Feiertag wurde.

Ein weiterer Schritt zur Wiederannäherung von Shintō und Staat war 1979 die gesetzliche Fixierung des *gengō*-Systems, des heutigen japanischen Systems der Jahreszählung, nach dem mit der Thronbesteigung eines neuen Kaisers auch die Jahreszählung unter einer neuen „Jahresdevise“ (*nengō*) neu beginnt. So war beispielsweise die von 1868 bis 1912 gültige Jahresdevise Meiji, gefolgt von Taishō und Shōwa, und ab 1989 von Heisei; das Jahr 2000 war das 12. Jahr Heisei. Während die Jahreszählung nach Jahresdevisen schon im 7. Jahrhundert in Japan eingeführt wurde, ist die Regelung, daß die Jahresdevisen nur mit der Thronbesteigung eines neuen Kaisers wechseln sollen, erst relativ neuen Ursprungs. Sie wurde 1868, direkt nach der Meiji-Restauration, eingeführt und dann in das 1889 erlassene Kaiserliche Hausgesetz (*Kōshitsu Tenpan*) aufgenommen. Davor waren die Jahresdevisen in kürzeren Abständen geändert worden.

Nach dem 2. Weltkrieg verlor das *gengō*-System seine rechtliche Grundlage; die traditionelle Jahreszählung wurde gewohnheitsmäßig weitergeführt. Mit zunehmendem Alter des Shōwa Tennō drangen die Befürworter des *gengō*-Systems aber auf eine rechtliche Verankerung, um das System zu wahren, und um beim bevorstehenden Thronwechsel den raschen und reibungslosen Erlaß einer neuen Jahresdevise sicherzustellen. Seine Gegner sahen hierin nicht zu Unrecht den Versuch, das Kaisertum aufzuwerten und es wiederum zur geistigen Grundlage des japanischen Staates zu machen. Das Gesetz, mit dem das *gengō*-System rechtlich wieder fixiert wurde, wurde im Juni 1979 verabschiedet.

b. Neujahrsbesuche des Ministerpräsidenten in Ise

Ein Beispiel für erfolgreiche Annäherung von Staat und Shintō im nicht-rechtlichen Bereich sind die Neujahrsbesuche des Ministerpräsidenten in Ise. Besuche von Schreinen und Tempeln sind in den Neujahrstagen Sitte, wobei man meist große, nahegelegene Heiligtümer besucht, an denen man für das neue Jahr betet. Der LDP-Politiker Satō Eisaku hatte zu Neujahr immer die Ise-Schreine aufgesucht und setzte diese Gewohnheit auch fort, nachdem er im November 1964 Ministerpräsident geworden war. Jedes Jahr am 4. Januar besuchte er die Ise-Schreine, und da er acht Jahre lang Ministerpräsident war, begründete er damit eine Tradition, die auch von seinen Amtsnachfolgern fortgeführt wurde. Sogar Ōhira Masayoshi, ein Christ, der zuvor noch nie die Ise-Schreine besucht hatte, konnte sich 1979 und 1980 dem Druck dieser doch noch recht jungen Tradition nicht entziehen. Erst der Sozialist Murayama Tomiichi versäumte am 4. Januar 1995 wegen einer Erkältung seinen Besuch in Ise. Das wurde ihm so stark verübelt, daß er 1996 wieder planmäßig die Ise-Schreine besuchte, obwohl er exakt eine Woche später, am 11. Januar 1996 vom Amt des Ministerpräsidenten zurücktrat und den Besuch daher ohne allzu großen politischen Schaden hätte ausfallen lassen können. Seitdem stattet an jedem 4. Januar (ganz gelegentlich auch einen Tag später) der gerade im Amt befindliche Ministerpräsident seinen Besuch in Ise ab.

Den Ise-Besuch von Satō Eisaku wie vermutlich die Besuche der Mehrheit der anderen Ministerpräsidenten wird man wohl mit der Glaubensfreiheit rechtfertigen können. Die Beispiele Ōhira und Murayama legen aber die Vermutung nahe, daß die Ministerpräsidenten genau in der Eigenschaft die Ise-Schreine besuchen, in der es ihnen verboten ist, nämlich in ihrer offiziellen Funktion als Ministerpräsident. Die Verfassung ist in diesem Punkt sehr genau: „Der Staat und seine Organe haben sich … jeder … Art religiöser Betätigung zu enthalten“ (Art. 20 Abs. 3). Und daß der Ministerpräsident ein Staatsorgan ist, ist unbestritten.

In der Öffentlichkeit sieht man in dieser Durchbrechung der Trennung von Staat und Religion offenbar kein Problem; die Zeitungen berichten nur, was der Ministerpräsident auf der Pressekonferenz gesagt hat, die er regelmäßig im Anschluß an seinen Schrein-Besuch in Ise abhält. Aus Sicht des Shintō ist das eine nahezu ideale Lage: Der Ministerpräsident berichtet in Ise über die politische Lage des Landes – wobei der einzige Schönheitsfehler darin besteht, daß der Adressat des Berichts nicht die Gottheit, sondern das Pressekorps ist.

c. Der Kampf um den Yasukuni-Schrein

Noch nicht abgeschlossen ist die Wiederannäherung von Shintō und Staat in einem anderen Bereich, der Stellung des Yasukuni-Schreins. Dieser Schrein ist ein Produkt der Meiji-Zeit. Er wurde 1869 unter anderem Namen in Tōkyō errichtet und 1879 in Yasukuni-jinja umbenannt. Der Yasukuni-Schrein wurde für die Opfer der kaiserlichen Seite der Wirren der Meiji-Restauration errichtet. In ihm werden die Menschen göttlich verehrt, die sich für Kaiser und Staat geopfert haben; inzwischen sind das ganz überwiegend die Opfer der japanischen Seite der Kriege, die Japan seit der Meiji- Zeit geführt hat.[58] Gleichzeitig mit seiner Umbenennung wurde er 1879 unter die Reichsschreine der Sonderklasse (*bekkaku kanpeisha*) aufgenommen, in denen die Untertanen göttlich verehrt werden, die sich besondere Verdienste um Kaiser und Staat erworben haben. Mit der Abschaffung des Staats-Shintō nach dem Kriege wurden dann aber alle staatlichen Schreinränge aufgehoben. Seit 1946 hat der Yasukuni-Schrein die Rechtsform einer (privaten) religiösen Körperschaft.

Dem Charakter der in ihm verehrten Gottheiten entsprechend, unterstand der Yasukuni-Schrein vor dem Kriege dem Heeres- und dem Marineministerium, was ihn von den übrigen Shintō-Schreinen abhob, die unter der Aufsicht des Innenministeriums standen. Der Yasukuni-Schrein wurde von der ständig wachsenden Zahl der Hinterbliebenen aus allen Schichten des Volkes verehrt. Auch der Kaiser, für den sich die Seelen des Yasukuni ja geopfert hatten, besuchte den Schrein regelmäßig – wodurch er die Hinterbliebenen noch enger an sich band, waren sie doch dankbar für die Ehre, daß der Kaiser ihren Vater/Sohn/Bruder religiös verehrte. Der Yasukuni-Schrein war eines der bedeutendsten Heiligtümer des Landes, und in ihm trafen Shintō, Kaisertum und Militarismus in besonders augenfälliger Weise zusammen.

Vor diesem Hintergrund nahmen ab 1957 die Bemühungen konkretere Formen an, dem Yasukuni-Schrein wieder einen öffentlichen Status zuzuerkennen. Der Verband der Kriegshinterbliebenen, der Dachverband der Shintō-Schreine (*jinja-honchō*) und die konservative Regierungspartei, die Liberal-Demokratische Partei (LDP), argumentieren, daß es die selbstverständliche Pflicht des Staates sei, die Kriegsgefallenen, die ja für den Staat gefallen sind, im Yasukuni-Schrein religiös zu verehren. Das sei ihnen zuvor versprochen worden, und im übrigen tue jedes zivilisierte Land gleiches, und es sei nicht einzusehen, warum allein Japan seinen Gefallenen religiöse Ehren vorenthalten solle. Konkret forderten die Befürworter den Erlaß eines Gesetzes, das den Yasukuni-Schrein in staatliche Trägerschaft überführen sollte.

Die Gegner einer Verstaatlichung des Yasukuni, und das waren vor allem die christlichen, speziell die protestantischen Kirchen, die meisten buddhistischen Sekten und anderen religiösen Organisationen, die progressiven politischen Parteien, Gewerkschaftsverbände, Wissenschaftlervereinigungen sowie praktisch die gesamte veröffentlichte Meinung wiesen auf Art. 20 und Art. 89 der Japanischen Verfassung hin, nach denen jede Privilegierung einer religiösen Körperschaft ausgeschlossen ist und argumentierten, daß eine Verstaatlichung des Yasukuni zu einer Rückkehr zum Staats-Shintō der Kriegs- und Vorkriegszeit, sowie, angesichts des besonderen Charakters des Yasukuni, zu einem Wiederaufleben des japanischen Militarismus führen würde. Ihr Mißtrauen wurde noch weiter verstärkt, als der Yasukuni-Schrein 1978 auch Tōjō Hideki und die anderen von den Alliierten verurteilten und hingerichteten Hauptkriegsverbrecher in den Kreis der in ihm vergöttlichten Menschen aufnahm, die sich für Kaiser und Staat geopfert haben.

Die politische Streitfrage, ob eine Verstaatlichung des Yasukuni zu einer Wiederbelebung des Militarismus führen würde, sei dahingestellt. Als sicher erscheint dagegen, daß seine Verstaatlichung eine so schwerwiegende Durchbrechung des gegenwärtigen Systems der Trennung von Staat und Religion darstellen würde, daß ein Wiederaufleben des Staats-Shintō nur noch eine Frage der Zeit wäre. Nach einer Verstaatlichung des Yasukuni wird man seine regionalen Zweigstellen, die „Schreine zum Schutze des Landes“ (*gokoku-jinja*), in denen, so wie im Yasukuni-Schrein für ganz Japan, die Kriegsgefallenen einer bestimmten Region verehrt werden,[59] nicht als privat-religiöse Institutionen belassen können. Auch würde der Druck unwiderstehlich, dem Ise-Schrein wieder einen öffentlich-rechtlichen Status zu geben. Ise, in dem die kaiserliche Ahngöttin verehrt wird und dessen Symbol und Verkörperung der Gottheit (*shintai,* Gottesleib) eines der drei Throninsignien, der Spiegel, ist, steht ja in einer besonderen Beziehung zum Tennō, und das heißt zum „Symbol Japans und der Einheit des japanischen Volkes“ (Verf. Art. 1). Nach einer Verstaatlichung des Ise-Schreins und der Schreine zum Schutze des Landes aber gäbe es keinen Grund mehr, dem Atsuta-Schrein (Atsuta-jingū) in Nagoya, in dem ebenfalls eines der Throninsignien, das Schwert, aufbewahrt wird, den übrigen großen Schreinen, die traditionell vom Kaiserhaus Opfergaben erhalten haben, den sog. *chokusaisha,* und den Schreinen für Untertanen, die sich besondere Verdienste um Kaiser und Staat erworben haben, den ehemaligen *bekkaku kanpeisha,* die Verstaatlichung zu verwehren. Aus Gleichheitsgründen müßte der Staat dann auch alle übrigen Schreine übernehmen; man wäre wieder beim Staats-Shintō der Vorkriegszeit.

Die Befürworter einer Verstaatlichung brachten 1969 erstmals einen entsprechenden Gesetzentwurf im Parlament ein. Da in Japan aber schon für die jährlich einberufenen einzelnen Sitzungsperioden des Parlaments das sog. Diskontinuitätsprinzip gilt, wonach alle nicht verabschiedeten Gesetzentwürfe mit Ablauf der Sitzungsperiode Makulatur werden und in der nächsten Sitzungsperiode neu eingebracht werden müssen, ist es relativ leicht, ein mißliebiges Gesetz mittels Verzögerungstaktiken zu verhindern. Das geschah auch mit dem Antrag eines „Gesetzes über den Yasukuni-jinja“,[60] der bis 1973 jedes Jahr erneut im Parlament eingebracht wurde. Das letzte Mal wurde der Gesetzentwurf aber immerhin, was ausnahmsweise möglich ist, durchgehend über zwei Sitzungsperioden beraten und 1974 vom Unterhaus verabschiedet; er scheiterte dann im Oberhaus. Es war vorauszusehen, daß der nächste Versuch erfolgreich sein würde.

Der Gesetzentwurf zum Yasukuni-Schrein ist seitdem nicht wieder im Parlament eingebracht worden: Im Mai 1974, kurz bevor der Entwurf im Unterhaus verabschiedet wurde, veröffentlichte die Rechtsabteilung des Unterhauses ein Gutachten, in dem sie die Verfassungsmäßigkeit des Gesetzentwurfs bescheinigte, zugleich aber darauf hinwies, daß der Yasukuni-Schrein nach seiner Überführung in staatliche Trägerschaft tatsächlich keinerlei religiöse Betätigung mehr ausüben dürfe, und in dem die Rechtsabteilung auch im einzelnen aufführte, was das bedeute, was der Yasukuni-Schrein dann alles nicht mehr dürfe.

Dieses Gutachten kam für die Verfechter der Verstaatlichung des Schreins als Schock, waren sie doch selbstverständlich nicht bereit, den spezifisch shintoistischen Charakter des Schreins zu opfern. Die Frage, ob man in dem Bemühen, den Yasukuni-Schrein von religiösen Elementen zu säubern, nicht zu weit gehe, ob der Schrein dann noch in der Lage sei, die Gefühle der Hinterbliebenen zu befriedigen, war schon vor 1969, als man die ersten Gesetzentwürfe beriet, im Lager der Befürworter der Verstaatlichung umstritten. Und nun mußten sie – das Ziel ihrer jahrelangen Bemühungen kurz vor Augen – feststellen, daß sie Gefahr gelaufen waren, den Yasukuni-Schrein sehr viel gründlicher zu „entshintoisieren“, als sie je bereit gewesen waren.

Seitdem versucht man offenbar, zunächst auf dem Wege der „Umfeldbereinigung“ ein öffentliches Klima zu schaffen, in dem die Verstaatlichung des Yasukuni-Schreins als selbstverständlich erscheint. Am 15. August 1975, dem Jahrestag der de facto Kapitulation Japans, besuchte Ministerpräsident Miki Takeo den Yasukuni-Schrein „als Privatperson“. In den folgenden zehn Jahren besuchten praktisch alle Ministerpräsidenten und immer auch mehrere andere Kabinettsminister den Yasukuni-Schrein, wobei die anfängliche Betonung des privaten Charakters der Schreinbesuche willkommenen Anlaß zu politischen Spielchen bot. Als Kriterien des privaten Charakters und damit der Verfassungsmäßigkeit des Schreinbesuchs galten die äußeren Umstände, insbesondere, ob der Ministerpräsident allein oder in Begleitung von Ministern kam, ob er im Wagen des Ministerpräsidenten oder in dem des Parteivorsitzenden vorfuhr, und ob er im Gästebuch des Schreins nur mit seinem Namen unterschrieb oder auch seine Amtsbezeichnung hinzufügte. Es kann aber natürlich vorkommen, daß die anderen Minister sich zufällig zur selben Zeit im Yasukuni-Schrein einfinden, desgleichen kann die Polizei den Wagen des Ministerpräsidenten zur Benutzung empfehlen, weil dieser besser gepanzert ist, und daß man seinen Titel als Namensbestandteil behandelt, ist in Japan auch nicht ungewöhnlich.

Die Besuche der Ministerpräsidenten und Minister im Yasukuni-Schrein nahmen also immer mehr die Form offizieller Besuche an. Das entscheidende Tabu brach dann Ministerpräsident Nakasone Yasuhiro. Bei seinem Besuch anläßlich des 40. Jahrestags des Kriegsendes am 15.August 1985 zahlte er die Opfergabe für den Schrein nicht privat sondern aus der Staatskasse. Zugleich deklarierte er seinen Besuch als „offiziell“.

Die Proteste insbesondere der Regierungen von China und Süd-Korea gegen diesen Schritt, in deren Sicht Nakasone die japanischen Kriegsverbrecher des 2. Weltkriegs religiös verehrt hatte, waren derart massiv, daß offizielle Besuche des Ministerpräsidenten im Yasukuni-Schrein seitdem unterblieben sind. Nicht nur das. Seit Nakasone hat nur ein einziger Ministerpräsident, Hashimoto Ryūtarō, den Yasukuni-Schrein besucht, und auch der wählte als Besuchstermin 1996 den 29. Juli, seinen Geburtstag, um zu betonen, daß es sich um eine völlig privat-religiöse Angelegenheit handle.

Nakasone's offizieller Yasukuni-Besuch war dennoch kein Bumerang. Er hat mit einem Schlag die Toleranzgrenze so weit verschoben, daß nun einiges alltäglich ist, was zuvor einen Skandal ausgelöst hätte. Zugleich ist es ihm – ironischerweise im Zusammenwirken mit den Massenmedien – gelungen, das Interesse von der verfassungsrechtlichen auf die politische Problematik umzulenken. Da die chinesischen und südkoreanischen Proteste bei der Regierung wie bei den Medien so starke Aufmerksamkeit finden, daß innerjapanische Proteste darüber verblassen, und da die Chinesen und Koreaner sich vor allem an der religiösen Verehrung der hingerichteten Hauptkriegsverbrecher stören, konnte sich die japanische Regierung offiziell auf den Standpunkt stellen, offizielle Besuche des Yasukuni-Schreins seien zwar verfassungskonform, sollten aber aus Rücksicht auf die Empfindlichkeit der Nachbarländer bezüglich der Kriegsverbrecher vorläufig nicht wiederholt werden.

Seitdem ist das Interesse nur noch darauf gerichtet, ob ein Ministerpräsident den Yasukuni besucht; wenn es nur ein einfacher Kabinettsminister ist, so bleibt das weitgehend unbemerkt, selbst wenn er erklärt, den Schrein in seiner offiziellen Eigenschaft als Minister zu besuchen. Letzteres hätte vor dem Nakasone-Besuch einen Entrüstungssturm in der Öffentlichkeit ausgelöst.

In dieser Lage, in der immer mehr Politiker den Yasukuni-Schrein in immer offizielleren Formen besuchen und diese Besuche kaum noch Aufsehen erregen, konnte die Liberal-Demokratische Partei zu einem Vorschlag von 1975 zurückkehren, den zu verwirklichen damals das gesellschaftlich-politische Klima nicht erlaubt hatte. Im Sommer 2000 hat die LDP eine parteiinterne Kommission eingesetzt, die bis zum Ende des Jahres 2000 nach Wegen suchen sollte, wie es dem Kaiser, den Kabinettsmitgliedern und ausländischen Staatsbesuchern ermöglicht werden könne, dem Yasukuni-Schrein offizielle Besuche abzustatten.[61]

d. Die Erdbeschwichtigungszeremonie (*jichinsai*) von Tsu

Diesen Teil abschließend sei noch auf einen Rechtsstreit eingegangen, der im Ergebnis zu einer entkrampfteren Auslegung der Trennungsbestimmungen der Verfassung geführt hat und ein vernünftigeres Verhältnis von Staat und Religion ermöglicht.

1965 veranstaltete die Stadt Tsu anläßlich des Baus einer städtischen Sporthalle, wie es allgemein üblich war und ist, eine Erdbeschwichtigungszeremonie (*jichinsai*)[62]. Die Zeremonie wurde von Shintō-Priestern in shintoistischen Formen durchgeführt. Gegen diese Zeremonie erhob ein Mitglied des Stadtparlaments Klage wegen Verstoßes gegen Verfassung Art. 20, der dem Staat und seinen Organen jede Art religiöser Betätigung untersagt, und gegen Verfassung Art. 89, der die Verwendung öffentlicher Gelder für religiöse Zwecke verbietet.

Das Landgericht Tsu in erster Instanz wies die Klage mit der Begründung ab, daß es sich bei der Erdbeschwichtigungszeremonie um eine Brauchtumsveranstaltung gehandelt habe. Das Oberlandesgericht (OLG) Nagoya verwandte viel Energie und Scharfsinn auf den Versuch, Brauch und religiöse Betätigung voneinander abzugrenzen und kam zu dem Ergebnis, daß die Zeremonie religiös und damit verfassungswidrig gewesen sei. Das OLG hatte zwar zugestanden, daß auch religiöse Zeremonien sich zu Bräuchen entwickeln können, erkannte dann aber trotzdem nur solche Veranstaltungen als Brauch an, die ihre religiöse Bedeutung weitgehend verloren haben.

Der Oberste Gerichtshof (OGH) in letzter Instanz argumentierte 1977, daß die Verfassung zwar eine vollständige Trennung von Staat und Religion anstrebe, daß dieses Ideal aber nicht zu erreichen sei, weil Religion nicht nur den persönlichen Glauben des Einzelnen umfasse, sondern zugleich auch eine äußere, gesellschaftliche Seite aufweise. Der Staat, der das Leben der Gesellschaft Regelungen unterwirft, könne da gar nicht vermeiden, mit der Religion in Kontakt zu kommen. Von daher sei nicht automatisch jede Beziehung zwischen Staat und Religion unzulässig, sondern es sei darauf abzustellen, ob eine staatliche Handlung ein religiöses Ziel verfolge, oder ob sie in ihrer Wirkung auf Förderung bzw. Unterdrückung einer Religion hinauslaufe. Im konkreten Falle sah der OGH weder das Ziel der Stadt Tsu, per Erdbeschwichtigungszeremonie den Shintō zu fördern, noch eine entsprechende Wirkung. Der OGH erkannte auf verfassungskonform.

Die Wirkung dieser sog. Ziel/Wirkungs-Theorie (*mokuteki/kōka-ron*)[63] war enorm. Wann immer seitdem eine staatliche Handlung in den Verdacht gerät, gegen die Trennungsbestimmungen der Verfassung verstoßen zu haben, wird sie mit dieser Argumentationsweise für verfassungskonform erklärt. Der OGH, der anläßlich dieses Falles zum ersten Mal mit der Trennung von Staat und Religion befaßt war, eröffnete damit einen Weg, die übermäßig strikten Bestimmungen zur Trennung von Staat und Religion auf ein erträgliches Maß zurückzuführen und sie praktikabel zu machen. Es ist dem OGH gelungen, die Probleme, die das Trennungssystem aufgeworfen hatte und noch aufzuwerfen drohte, weitgehend zu entschärfen. Für den Shintō bedeutet das, daß sich vielleicht doch noch ein Modus finden läßt, seine grundsätzliche Gemeinschaftsbezogenheit mit dem in der Verfassung zu gutem Recht verankerten System der Trennung von Staat und Religion in Einklang zu bringen.

III. Das Umfeld des Shintō

1. Einflüsse des Shintō auf Gesellschaft und Kultur des heutigen Japan[64]

Der Shintō ist bekanntlich die ursprüngliche Religion Japans, so eng mit Japan verbunden, daß nicht auseinanderzuhalten ist, was am Shintō japanisch und was an Japan shintoistisch ist. In dieser Form weiß das jeder. Aber: Was konkret ist nun eigentlich shintoistisch an Japan?

Dieser Frage nachzugehen, sollen im Folgenden einige Grundzüge des Shintō aufgeführt und mit Erscheinungen des japanischen Alltagslebens in Verbindung gebracht werden. Die Frage nach Ursache und Wirkung, also ob der Shintō die japanischen Fühl-, Denk- und Handlungsweisen, kurz: die japanische Kultur beeinflußt hat, oder ob umgekehrt der Shintō durch die japanische Kultur geprägt wurde, wurde ausgeklammert. Es ist die Frage nach Henne und Ei und für das Ergebnis unerheblich. Nicht behandelt wird hier auch das Kaisertum. Es ist sicherlich die zentrale Institution der japanischen Kultur; seine shintoistischen Grundlagen wurden aber oben bereits hinreichend dargestellt. Und noch zwei weitere Einschränkungen: Hier wird keine Monokausalität vertreten. Wenn nachher also Relativismus und Formalismus als Produkte des Shintō dargestellt werden, so wird nicht verkannt, daß ersterer auch buddhistische, und letzterer konfuzianische Wurzeln hat. Und schließlich wird nicht behauptet, daß es sich bei den vom Shintō beeinflußten Aspekten der japanischen Kultur um japanische Besonderheiten handle. Zu solch einem Ergebnis käme man nur durch einen – unzulässigen – Umkehrschluß. Um es an einem Beispiel deutlich zu machen: Man kann mit Max Weber annehmen, daß es eine protestantische Arbeitsethik gibt, ohne gleich alle Arbeitsethik auf den Protestantismus zurückführen zu wollen. Selbstverständlich gibt es auch außerhalb des Protestantismus Arbeitsethik, und selbstverständlich gibt es auch außerhalb Japans Optimismus und Verspieltheit – vom Formalismus ganz zu schweigen.

a. Naturverbundenheit

Eines der bekanntesten Charakteristika der japanischen Kultur ist sicherlich die Naturverbundenheit. Ihre Fundierung im Shintō ist offenkundig, ist der Shintō doch zu einem wesentlichen Teil Naturkult. Wichtiger noch aber ist in diesem Kontext seine Göttervorstellung. Wie oben angemerkt, sind im Shintō zwar nicht alle Dinge Götter oder göttlich, aber alle Dinge und Erscheinungen, belebte wie unbelebte, Berge, Steine, Bäume, Tiere, Menschen, sie alle können Götter werden bzw. sein. Wo aber alles potentiell göttlich ist, verwischen auch die Unterschiede zwischen Menschen und Tieren, belebter und unbelebter Materie. Der Abstand zwischen Mensch und Natur, der sich in dem „macht euch die Erde untertan" ausdrückt, fehlt, der Mensch ist in Japan eingebunden in die Natur, ist ein Teil von ihr.

Im gesellschaftlichen Leben äußert sich das japanische Verhältnis zur Natur zunächst einmal im Bewußtsein. Es dürfte kaum einen Japaner geben, der nicht davon überzeugt wäre, daß die Japaner in ganz besonderem Maße die Natur lieben und mit ihr verbunden sind. Entsprechend groß ist die Rolle der Natur in der Literatur, speziell der Dichtung, die Sehnsucht nach einem eigenen Garten, und sei er noch so klein, die Neigung zu mit der Natur verbundenen Vergnügungen wie Kirschblütenschau, Teezeremonien im Freien u.v.a.m.

Vor diesem Hintergrund, in der Überzeugung eines besonders engen Verhältnisses zur Natur, wird von auslandskritischen Japanern und selbstkritischen Abendländlern gelegentlich das biblische Gebot des „macht euch die Erde untertan" für die Umweltzerstörung verantwortlich gemacht und die japanische Naturverbundenheit als Ausweg vorgeschlagen. Dabei wird regelmäßig übersehen, daß die Ernennung des Menschen zum Hüter der Natur auch Verantwortung impliziert. Und tatsächlich ist der Naturschutz ja eine westliche Erfindung.

Außerdem ist nicht zu bestreiten, daß selbstverständlich auch in Japan in die Natur eingegriffen wird. Von Harmonie mit der Natur ist nichts zu spüren, wenn Berge für die Zementherstellung wie für den Bau von Wohnsiedlungen abgetragen werden oder wenn – und zwar seit altersher – in großem Rahmen durch Aufschüttung Neuland aus dem Meer gewonnen wird.

Ist die japanische Naturverbundenheit also nichts als ein Mythos? Diese Erklärung wäre sicherlich zu simpel. Der Schlüssel zum Verständnis dürfte eben in der unterschiedlichen Position des Menschen zur Natur liegen. Im Westen ein Subjekt-Objekt Verhältnis, in Japan ein Eingebettetsein des Menschen in die Natur, eben Naturverbundenheit, der Mensch Teil der Natur, die Natur Verlängerung des Menschen. Wenn man der Natur aber nicht als Objekt gegenübersteht sondern mit ihr verbunden ist, dann liegt es nahe, ihr mit derselben unsentimentalen Rücksichtslosigkeit zu begegnen, die man gegenüber sich selbst akzeptiert.

Der fehlende Abstand zur Natur in Verbindung mit ihrer Wertschätzung prägt auch die japanische Gartenkunst. Ein Vergleich mit europäischen Gärten und Parks mag dies verdeutlichen. Bei einem europäischen Garten in französischem Stil wird die Natur offenbar als zu unkultiviert angesehen und lieber durch geometrische Formen ersetzt. Demgegenüber gilt in einem englischen Landschaftsgarten die Natur als Inbegriff des Schönen, das es durch behutsame Eingriffe und Korrekturen zu akzentuieren gilt. In beiden Fällen herrscht eine gewisse Distanz zur Natur, einmal kritisch-ablehnend, einmal respektvoll. Nicht so in Japan; dort herrscht eine respektlose Liebe. In Japan wird die vorgefundene Natur als zu unvollkommen betrachtet, als daß ein paar Korrekturen ausreichen würden; sie muß völlig umgestaltet werden. Japanische Landschaftsgärten sind Kunstwerke, die unter Verwendung natürlicher Materialien geschaffen wurden, und die die Natur treffender wiedergeben als jede natürliche Landschaft im Urzustand dies vermöchte[65].

b. Optimismus und Verspieltheit

Auf die Diesseitsbezogenheit des Shintō wurde oben im Zusammenhang mit den Jenseitsvorstellungen eingegangen. Sie äußert sich vor allem in seinem Desinteresse an der Welt der Götter und der Welt nach dem Tode, ist aber auch in einigen der im Folgenden erörterten Charakteristika des Shintō zu erkennen.

Der direkteste Ausdruck von Diesseitsbezogenheit im Shintō ist sein Optimismus. Ist die optimistische Weltsicht des Shintō schon in seiner Diesseitigkeit – und das heißt ja Diesseitsbejahung – zu erkennen, so äußert sie sich vielleicht noch deutlicher in seinen Auffassungen von Sünde/Verunreinigung und kultischer Reinigung. Wo das Übel etwas Äußerliches ist, das wieder abgewaschen werden kann, herrscht eine völlig andere Weltsicht als etwa im Christentum mit seiner Ursünde und seiner Auffassung dieser Welt als „Jammertal“.

Daß man bei dieser optimistischen Weltsicht mit weniger Sorgen, Zweifeln und Skepsis an die Dinge herangehen kann als im Westen, liegt auf der Hand. Und so ist dann insbesondere auch die Einstellung zur Technik viel unkomplizierter, eben optimistischer als beispielsweise in Deutschland, wo man bei jeder technischen Neuerung zunächst einmal Bedenken hat. Ein gutes Beispiel ist das Fernsehen. Als es aufkam, setzten in Deutschland auch gleich die Sorgen ein, welche Auswirkungen es wohl auf das Familienleben, auf Buchlektüre usw. haben werde, und entsprechend langsam war das Tempo, in dem es sich durchsetzte. In Japan gab es diese Bedenken nicht, es spielte auch keine Rolle, daß die Wohnungen oft viel zu eng waren. Jeder, der es sich auch nur halbwegs leisten konnte, kaufte sich einen Apparat. Dafür nimmt man das Fernsehen aber auch nicht so ernst wie in Deutschland. Das Gerät läuft normalerweise den ganzen Tag, man sieht aber nicht immer hin; Unterhaltungen während des Fernsehens sind erlaubt.

Hier deutet sich eine gewisse Verspieltheit an, die man auch sonst in der Technik, beispielsweise beim Auto, antrifft, und die ja gewiß Affinität zum Optimismus hat. In Autos ab einer gewissen Klasse sind selbstverständlich nicht nur die Vorder-, sondern auch die Rücksitze in der Höhe wie nach vorn und hinten verstellbar. Es macht Spaß, während der Fahrt mit dem Sitz zu spielen. Daß in japanischen Autos all die vielen Extras, die in Deutschland eben extra bestellt werden müssen, serienmäßig schon mit eingebaut sind, versteht sich nach dem Gesagten von selbst.

Sieht man diese Aufgeschlossenheit gegenüber technischen Neuerungen und die damit einhergehende Verspieltheit im Zusammenhang mit einem weit verbreiteten Lerneifer, der gerade auch bei Erwachsenen anzutreffen ist und der sich nicht nur auf praktisch Verwertbares beschränkt, so verwundert auch nicht die ungebrochene Fortschrittsgläubigkeit, die man allenthalben antrifft. Wenn man das Diesseits bejaht, kann man ja auch nicht anders, als der Zukunft aufgeschlossen-optimistisch entgegenzusehen.

c. Gruppenorientiertheit

Vermutlich ebenso bekannt wie die japanische Naturverbundenheit ist die japanische Gruppenorientiertheit. Deren Gegenpol ist der Individualismus, was, zumal in Verbindung mit Fernsehbildern von japanischen Angestellten in einheitlich dunkelblauen Anzügen zu dem Mißverständnis verleiten kann, daß es in Japan keine Individualisten im Sinne von ausgeprägten, kantigen Persönlichkeiten gebe. Dem ist natürlich nicht so; an ausgeprägten Persönlichkeiten hat Japan keinen Mangel. Die Frage nach Gruppenorientiertheit oder Individualismus ist vielmehr die Frage, was das Primäre ist, das Individuum oder das Kollektiv, oder in anderen Worten, ob das Individuum ein Teil des Kollektivs (Gruppenorientiertheit), oder das Kollektiv eine Ansammlung von Individuen ist (Individualismus).

Zum Individualismus gehört, daß das Individuum den Geboten eines Absoluten oder, was dasselbe ist, den Geboten seines Gewissens gehorcht. Dieses Absolute kann der Gott einer monotheistischen Religion, es kann aber auch ein Wert wie etwa Gerechtigkeit sein. Man denke an Michael Kohlhaas. Von daher erklärt sich auch die grundlegende Stellung, die das erste unter den Zehn Geboten einnimmt. „Ich bin der Herr, dein Gott, [...] du sollst keine anderen Götter neben mir haben." Wer sich mit seinem Gott im Reinen weiß, wird auch nicht morden oder stehlen. Nicht nur das. Idealtypischerweise wird er, wie Luther in Worms, erklären „hier stehe ich, ich kann nicht anders", und notfalls allen Mächten dieser Welt die Stirn bieten.

Eine derartige Haltung ist im Shintō nicht möglich. Die Götter sind relativ (weder allmächtig noch allwissend noch unbedingt gut noch unsterblich), und absolute Werte sind auch nicht in Sicht. Ohne Halt und Stütze, ohne Handlungsmaßstäbe kann man aber nicht leben. Da man mangels eines absoluten Gottes diesen Halt „oben" nicht finden kann, sucht man ihn in der Umwelt, bei den Mitmenschen. Die Gruppenorientiertheit ist eine notwendige Folge der shintoistischen Göttervorstellung, und es ist kein Zufall, daß, wie eingangs festgestellt wurde, die Schreine wie die Zeremonien und Feste primär der Gemeinschaft, der Gruppe dienen.

Worin aber äußert sich in der japanischen Gesellschaft diese so verstandene Gruppenorientierung? Ein bekanntes Beispiel ist der Ressortegoismus der japanischen Ministerien. Das Außenministerium liegt in Fehde mit dem Ministerium für Internationalen Handel und Industrie (MITI), dieses mit dem Landwirtschaftsministerium, letzteres mit ... usw. Jedes Ministerium verfolgt seine eigene Politik. In der Frage der Öffnung des japanischen Binnenmarktes für landwirtschaftliche Produkte, beispielsweise, waren das Außenministerium, dem an guten Beziehungen zum Ausland liegt, und das MITI, das Repressalien gegen Exporte der japanischen Industrie befürchtete, sehr aufgeschlossen, während das Landwirtschaftsministerium, dem die Belange der Landwirtschaft am Herzen liegen, erbittert Widerstand leistete.

Wie dieses Beispiel zeigt, stellt sich bei der Gruppenorientiertheit auch das Problem der Verantwortung, also wem gegenüber man sich wofür verantwortlich fühlt. Gruppenorientiertheit bedeutet, daß man im Rahmen seiner Gruppe denkt, daß man von ihren Interessen ausgeht, wobei „Gruppe" eine variable Größe ist; sie kann das eigene Ministerium/die eigene Firma sein, die Abteilung, das Referat, oder welche organisatorische Einheit auch immer. Wie eng oder weit die „Gruppe“ im konkreten Fall gefaßt ist, hängt von der Ebene ab, auf der man denkt oder handelt, hängt vom Gegenüber ab. Gruppenorientiertheit ist grundsätzlich ein nach innen gewandtes Denken. Sei es in Bürokratien, in Firmen oder auch in Universitäten: Wenn es um die Zuweisung von Planstellen, Mitteln oder Aufgaben geht, wird man die Interessen seiner Abteilung vertreten. Daß dieselben Mittel in der Nachbarabteilung ggfs. größeren Nutzen bringen würden, wird dabei wenig interessieren, wenn es überhaupt bemerkt wird.

Gruppenegoismus, Ressort- und Firmenegoismus gibt es in Deutschland natürlich auch. Aber im Westen, wo man vom Individuum ausgeht, ist der Blick zwangsläufig nach außen gerichtet. Und da geraten dann genauso zwangsläufig Interessen, Gesichtspunkte ins Blickfeld, die zwar außerhalb des Gruppeninteresses liegen, für die man aber – nachdem man sie einmal zur Kenntnis genommen hat – gleichwohl Verantwortung übernehmen muß. Und dann ist Gruppenegoismus in Deutschland ja eben Egoismus, also etwas moralisch Anfechtbares, was er in Japan nicht ist. In Japan ist das, was wie Egoismus aussieht, die natürliche Folge eines nach innen orientierten Denkens und Strebens, nämlich der Gruppenorientiertheit.

d. Relativismus

Ein weiterer vom Shintō beeinflußter Zug der japanischen Kultur ist in Begründung und Folgerungen deutlich genug, daß er hier nur gestreift werden soll: der Relativismus. Wenn die Götter weder allwissend noch allmächtig sind, und wenn zudem die Übergänge von unbelebter zu belebter Materie, von Planzen und Tieren zu den Menschen bis hin zu den Göttern fließend sind, so ist der Shintō sicherlich als relativistisch zu charakterisieren. Und relativistisch sind auch Kultur und Gesellschaft Japans.

Relativismus zeigt sich im Rechtswesen, das nach Möglichkeit Schlichtungen statt klarer Urteile anstrebt. Allgemein herrscht in Japan eine Vorliebe für Grautöne statt Schwarz-Weiß-Beurteilungen. Das frappierendste Beispiel für Relativismus, das mir je begegnet ist, war die Äußerung eines japanischen Shintō-Wissenschaftlers, der bei einer Diskussion erklärte, die zuvor von mir geäußerte Meinung beruhe auf einer bestimmten Definition von Religion, es gebe derer aber mehr als hundert, und er könne da nicht einfach zustimmen. Eine Gegendefinition lieferte er allerdings auch nicht. Die Tatsache, daß auch eine andere Definition hätte benutzt werden können, reichte aus, um Zweifel an einer bestimmten, definitiven Meinung zu begründen – und danach alles in der Schwebe zu lassen.

e. Formalismus

Zum Abschluß sei auf ein tragendes Strukturmerkmal der japanischen Gesellschaft eingegangen, den Formalismus. Seine Herkunft vom Shintō – und ebenfalls, wie eingangs vermerkt, vom Konfuzianismus – ist nicht schwer zu demonstrieren: Wenn es ein Absolutes nicht gibt, die Götter auch nur relativ mächtig und relativ gut sind, dann muß man – wie oben beim Relativismus dargelegt – seinen Halt woanders suchen, und das heißt in der Umwelt. In zwischenmenschlichen Beziehungen aber spielen die Formen eine umso größere Rolle, je weniger die Beziehungen von absoluten Werten beherrscht werden. Und noch eins. Die Umwelt wechselt ja ständig. Wenn man selbst nicht umzieht, ziehen Freunde um, werden alt und sterben, andere wachsen nach. Ein Haltsuchen in zwischenmenschlichen Beziehungen bedeutet da nicht ein Haltsuchen im Mitmenschen, sondern ein Haltsuchen in den Beziehungen, eine Verabsolutierung der Beziehungen, und das heißt Verabsolutierung der Formen.

Formalismus beherrscht in Japan die gesamten zwischenmenschlichen Beziehungen. Das naheliegendste Beispiel ist die japanische Sprache mit ihren vielen, je nach Gesprächspartner wechselnden Höflichkeitsformen. Diese Höflichkeitsformen zu erlernen, ist mühsam und schwierig – übrigens auch für junge Japaner. Wenn man sie aber einmal beherrscht, gewähren sie eine erstaunliche Sicherheit. Mir wurde das erstmals bewußt, als ich während meines Studiums in Japan bei einer Studienreise mit anhörte, wie offen einige Studenten ihrem normalerweise autoritären Professor die Leviten lasen. Er hatte sich bei einigen Besichtigungen zu viel Zeit gelassen und damit das Programm durcheinandergebracht. Die Studenten konnten so offen und so selbstsicher reden, weil sie die sprachlichen Formen wahrten. Formen geben Halt und Sicherheit. Wie oben angedeutet, kommt den Formen in Japan in etwa die Bedeutung zu, die im Westen die Prinzipien und Grundsätze haben.

Formalismus beherrscht auch die nicht-verbale Kommunikation, z. B. die Geschenksitten. In Japan muß man zweimal im Jahr, im Sommer und im Winter, all diejenigen, denen man irgendwie verpflichtet ist, mit Geschenken bedenken. Ein beliebtes Geschenk sind Lebensmittel, und eine Delikatesse, die bei keinem Neujahrsessen fehlen darf, ist gepökelter Heringsrogen (*kazunoko*). Delikatesse heißt, diese Rogen sind teuer und man verzehrt sie in kleinen Mengen. In der Wintergeschenksaison werden diese Heringsrogen aber in Kilogramm-Einheiten verschenkt. Ob der Empfänger damit etwas anfangen kann, ist weniger wichtig als der Umstand, daß sie angemessen teuer sind und bei richtiger Verpackung prächtig aussehen. Mit ihnen wahrt man die Form.

Und schließlich beherrscht Formalismus auch das öffentliche Leben. Das japanische Kultusministerium betont seit geraumer Zeit wieder Nationalhymne und Staatsfahne, die allerdings beide erst 1999 eine gesetzliche Grundlage erhielten. Bei Schuleingangs- und -entlassungszeremonien ist das Singen der Hymne obligatorisch, die Fahne muß gehißt werden. Ziel dieser Maßnahme ist natürlich, den Patriotismus zu fördern. Zumindest einem Nachkriegsdeutschen wird das als eine verkehrte Reihenfolge erscheinen: Patriotische Gefühle äußern sich im Singen der Nationalhymne und im Hissen oder Schwenken der Fahne. Bilder von den Tagen der deutschen Wiedervereinigung kommen ins Gedächtnis. Umgekehrt durch die äußeren Symbole eine innere Gesinnung herbeiführen zu wollen, erscheint nicht sehr aussichtsreich – es funktioniert aber.

Um es in einem Vergleich auszudrücken: Ob wie bei den Säugetieren das Skelett, das harte Gerüst innen und das weiche Fleisch außen, oder ob wie bei den Krebsen die harte Schale außen und das weiche Fleisch innen ist, ist von der Funktionalität her gleichgültig; beides gibt Halt.

Die Liste shintoistischer Einflüsse auf die heutige japanische Kultur und Gesellschaft ist nicht vollständig, und sie kann es auch nicht sein. Gegenüber der einen oder anderen Behauptung mag auch Widerspruch möglich sein. Und, um es zu wiederholen, es wird nicht behauptet, daß es die beschriebenen Eigenheiten anderswo nicht gebe. Gerade an dem zuletzt genannten Formalismus haben wir in Deutschland ja ebenfalls keinen Mangel.

Die Einflüsse des Christentums auf die abendländische Kultur sind in Teilbereichen sehr wohl im öffentlichen Bewußtsein. Insgesamt sind sie aber so überwältigend stark und so allumfassend, daß wohl niemand sie sich ganz bewußt machen kann. Man neigt da gelegentlich dazu, sie als selbstverständlich vorauszusetzen und als allgemeingültig anzusehen. Es schien da lohnend, einmal aufzuzeigen zu beginnen, welche völlig andersgearteten Einflüsse eine völlig andersgeartete Religion ausüben kann.

2. Exkurs: Von der Möglichkeit nonverbaler Wissensvermittlung

a. Von der Möglichkeit nonverbaler Wissensvermittlung

> „Im Anfang war das Wort, und das Wort war bei Gott, und Gott war das Wort.
> Dasselbe war im Anfang bei Gott.
> Alle Dinge sind durch dasselbe gemacht, und ohne dasselbe ist nichts gemacht, was gemacht ist“ (Joh. 1, 1–3).

Sooft diese Sätze auch zitiert werden mögen, sie geben doch das westliche Lebensgefühl treffend wieder: Alles wichtige kann und muß erklärt werden, und was nicht in Worten wiedergegeben werden kann, existiert nicht. Diese Denkweise hat ihre Berechtigung, und das vorliegende Büchlein zollt ihr ja ebenfalls Tribut. Darüber sollte aber nicht übersehen werden, daß vieles auf einer nonverbalen Ebene abläuft, und daß sogar Wissen auf nonverbale Weise übermittelt werden kann.

Wie oben mitgeteilt, hat meine Tochter einen Großteil ihrer ersten zwei Lebensjahre auf dem Spielplatz eines kleinen Schreins in Tōkyō verbracht. Sie sah dort täglich, wie Erwachsene vor der Gebetshalle stehenblieben, an dem dort herabhängenden Seil zogen, in die Hände klatschten und die Hände zum Gebet zusammenlegten. Noch bevor sie aus eigener Kraft aufrecht stehen konnte, kroch sie oft vor den Schrein und versuchte, es den Erwachsenen gleichzutun. Man sollte den Nachahmungstrieb eines Kleinkindes nicht überinterpretieren. Man sollte aber auch nicht übersehen, daß Kinder auf diesem Wege lernen, daß es Götter gibt, wie immer – wenn überhaupt – sie sich diese auch vorstellen mögen, und daß dieses Bewußtsein bleibt. Sie mögen als Erwachsene die Götter als Unsinn abtun – in ihr Bewußtsein eingedrungen sind sie.

Es ist also möglich, ohne jegliche Belehrung, allein durch Vorbild das Bewußtsein von der Existenz von Göttern vermittelt zu bekommen. Daß diese zunächst völlig undefinierten Götter ihre Würde haben, daß man ihnen würdig begegnen muß, merkt man angesichts des vorgeschriebenen Zeremoniells: Zwei Verbeugungen, zweimal in die Hände klatschen, eine Verbeugung. Und die Wichtigkeit der Reinheit im Umgang mit den Göttern kann man leicht bei Betrachtung des stets sauber gehaltenen Schreingeländes erkennen, oder auch an der Existenz des Wasserbeckens zur kultischen Reinigung (*temizu-ya*) am Eingang des Schreingeländes.

Bei Betrachtung des Wasserbeckens sowie der anderen Utensilien zu kultischer Reinigung, insbesondere des mit einer Vielzahl gezackter Papierstreifen versehenen Holzstabs (*ō-nusa*), erschließt sich auch, wie der Shintō das Böse sieht und wertet: Bei Betreten des Schreins werden Hände und Mund gespült; offenbar sind dies die Werkzeuge des Bösen. Sei es Wasser, sei es der einem Staubwedel zum verwechseln ähnliche *ō-nusa,* beide beseitigen äußere Verunreinigungen. Der Mensch ist also ursprünglich gut, das Böse ist äußerlich.

Die Unvollkommenheit der Götter kann man an ihrer Pluralität erkennen: Wenn es eine Vielzahl von Göttern gibt, kann der einzelne ja gar nicht allmächtig oder allwissend sein. Wenn man in einigen Schreinen sieht, daß dort historische Persönlichkeiten verehrt werden, erkennt man, daß der Unterschied zwischen Göttern und Menschen nur ein relativer ist, und bei Betrachtung der Speiseopfer, wo auch der Sake nie fehlt, wird der menschenähnliche Charakter der Götter noch augenfälliger.

All diese und eine Vielzahl weiterer Erkenntnisse können erlangt werden, ohne ein einziges Wort der Belehrung gehört, und ohne eine einzige Mythe gelesen zu haben.

b. Von der Unangemessenheit theologisch-theoretischer Erklärungen

Aus dem Dargelegten folgt, daß man sich dem Shintō durchaus mit analytischem Verstand nähern und seine Elemente und Äußerungsformen interpretieren kann. Versuche jedoch, den Shintō unter Zuhilfenahme systematischer shintō-theologischer Ansätze erklären zu wollen, stoßen auf drei grundlegende Hindernisse. Erstens fehlt es an heiligen Schriften. Die ersten Kapitel in den frühesten *Geschichts*werken sind kein Ersatz. Sie berichten nur vom Wirken (eines kleinen Teils) der Götter, bewegen sich also auf der Seins-Ebene; Äußerungen des Sollens, ohne die eine für die Heutigen relevante Theologie wohl undenkbar ist, sind darin nicht enthalten.

Zweitens fehlt es an einer theologischen Tradition. Was das bedeutet, soll an einem Beispiel aus der Geschichte des Christentums erläutert werden. Im Anschluß an den Bericht vom Abendmahl berichtet das Lukas-Evangelium in Kapitel 22, Vers 38:

> „Sie sprachen aber: Herr, siehe, hier sind zwei Schwerter.
> Er aber sprach zu ihnen: Es ist genug.“

Niemand, der unvoreingenommen diesen Bibelvers liest, wird auf den Gedanken kommen, daß es dieser kleine, unscheinbare Vers war, der im Mittelalter die Grundlage für die sog. Zwei-Schwerter-Lehre lieferte, auf die sich sowohl Papst wie Kaiser in ihrem Kampf um die Vormachtstellung im Reich beriefen. (Die einen sagten, es sind zwei Schwerter, also sind die geistliche und die weltliche Gewalt gleichrangig; die anderen vermuteten, daß beide Schwerter Petrus verliehen worden seien und folgerten, daß die geistliche Gewalt den Vorrang hat.) Hier wurde ein extremes Beispiel gewählt, das sei zugegeben. Es sollte aber deutlich gemacht haben, daß theologische Lehrgebäude sich über Jahrhunderte entwickeln, daß es des Scharfsinns vieler Generationen von Theologen bedarf, bis ein theologisches System in sich geschlossen und hinreichend aussagekräftig dasteht.

Von 1882 bis zum Ende des 2. Weltkriegs war die Verbreitung religiöser Lehren an Shintō-Schreinen staatlich verboten. Damit war – außer für den Sekten-Shintō – auch die Ausformulierung religiöser Lehren nicht möglich. Was in der Zeit inhaltlich zum Shintō gesagt wurde, erfolgte im Rahmen der Fächer Geschichte, japanische Literatur und Volksmoral. Nach dem Krieg standen der Entwicklung einer Shintō-Theologie zunächst noch interne Schwierigkeiten gegenüber, da die konservativen Kräfte die von der amerikanischen Besatzungsmacht verfügte Aufhebung des Lehr-Verbots nicht akzeptieren mochten. Das hat sich geändert. Aber auch wenn es heute Ansätze zu einer Shintō-Theologie gibt, die zudem als autoritative Interpretationshilfen auf die Schriften der „Landeswissenschaften" (*kokugaku,* s. u.) zurückgreifen kann, so sind dies eben noch Anfänge. Und die einschlägig tätigen Wissenschaftler an den beiden einzigen Shintō-Universitäten Japans werden denn auch meist als „Shintō-Wissenschaftler" und nicht als „Shintō-Theologen" bezeichnet.

Mit dem unzureichenden Entwicklungsstand der Shintō-Theologie verwandt ist das dritte Hindernis für eine theologische Annäherung an den Shintō: ein absoluter Mangel an Grundwissen in der Bevölkerung. Selbst elementare Mythen wie die von der Sonnengöttin in der himmlischen Felsenhöhle (s. o.) sind weitgehend unbekannt. Verwunderlich ist das nicht, denn wenn es zu den Besonderheiten des Shintō gehört, daß er keine festumrissene Glaubenslehre besitzt, dann kann deren Kenntnis auch nicht in der allgemeinen Bevölkerung erwartet werden. Und dann spürt man auch hier den Mangel, daß es an japanischen öffentlichen Schulen keinen Religionsunterricht gibt. So erklärbar das allgemeine Unwissen also auch ist, so bleibt doch, daß jeder theologische Erklärungsansatz ohne Widerhall und damit ohne Grundlage bliebe und ins Esoterische abgleiten müßte.

Die hier gemachten Ausführungen richten sich natürlich nicht an die japanischen Shintō-Wissenschaftler. Sie sollen nur eines, nämlich den Außenstehenden davor warnen, sich auf shintō-theologische Erörterungen einzulassen oder gar sich selbst darin zu versuchen. Zugleich sollen sie eine Grenze dieses Büchleins aufzeigen und rechtfertigen. Wenn oben bei der Beschreibung der Schreingebäude zur Schelle nur mitgeteilt wurde, daß Priester eine kompliziertere Interpretation als die, daß diese ein Mittel zum Herausläuten der Gottheit sei, vorziehen, so geschah dies aufgrund der hier dargelegten Erwägungen. Was die angehenden Priester auf der Universität zur Schelle lernen, hat keinerlei Bezug zu dem, was die Schreinbesucher sich beim Läuten denken – und ob es für das Bewußtsein der Priester repräsentativ ist, müßte auch erst anhand einer statistischen Erhebung untersucht werden. Denkbar ist auch, daß es hier soviele Privatinterpretationen wie Priester gibt. Desgleichen wurde nicht erwähnt, daß es zur kultischen Reinigung (*misogi, harai*) sehr wohl einen Theologenstreit gibt, wobei die eine Seite der Reinigungshandlung als solcher Wirksamkeit zuschreibt, während die andere Seite zusätzlich ein gläubiges Herz bei dem zu Reinigenden fordert – sonst sei die Reinigung ja bloße Magie. Auch diese Diskussion scheint keinerlei Beziehung zum allgemeinen Bewußtsein zu haben.

Andererseits mußte hier aber eine schwierige Balance gehalten werden. Denn zur Bedeutung des In-die-Hände-Klatschens wurde die Interpretation von Ono Sokyō zitiert, auch wenn die meisten Schreinbesucher – vielleicht sogar historisch begründet – der Meinung sein dürften, damit die Aufmerksamkeit der Gottheit auf sich zu ziehen. Hier eine genaue Trennungslinie ziehen zu wollen, wäre ein schwieriges Unterfangen; eine gewisse Willkür sei also zugegeben. Allgemein wurde aber angestrebt, die Darstellung grundsätzlich auf die von außen zugängliche Seite des Shintō zu beschränken, den Shintō von außen, aus der Perspektive seiner Adressaten[66] zu beschreiben.

3. Die Geschichte des Shintō

Die vorliegende Schrift soll in den Shintō als lebendige Religion einführen, in anderen Worten, sie soll eine Darstellung seiner heutigen Gestalt geben. Eine extensive Behandlung der Geschichte ist hierzu nicht erforderlich. Ganz ohne historischen Rückgriff ist der heutige Shintō aber auch nicht zu verstehen. Im Folgenden soll also eine Minimaldarstellung der Geschichte des Shintō gegeben werden, soweit sie für das Verständnis des heutigen Shintō erforderlich ist.

a. Seit wann gibt es „Shintō“?

Zunächst ist aber zu fragen, wie alt denn eigentlich der Shintō ist. Seit einigen Jahren wird – mit immer größerem Echo – die Auffassung vertreten, daß man frühestens seit dem Aufkommen der „Landeswissenschaften“ (*kokugaku*), also seit dem 18. Jahrhundert, von „Shintō“ sprechen dürfe. Worauf genau sich diese Meinung stützt, ist nicht ganz deutlich. Sie scheint aber vor allem darauf zu beruhen, daß die Terminologie für das, was man heute Shintō nennt, uneinheitlich war, der Kult regionale Unterschiede aufwies, und der Shintō sich im Laufe seiner historischen Entwicklung gewandelt hat.

Hier ist nicht der Ort, die Argumente im Einzelnen aufzuführen und zu widerlegen. Unwidersprochen können sie aber auch nicht bleiben. Es seien also nur zwei Gesichtspunkte allgemeiner Natur angeführt. Zunächst ist festzustellen, daß zeitliche, räumliche und systematische Divergenzen selbstverständlich sind. Wenn man hier genau differenzieren wollte, müßte man alle komplexen geistigen und gesellschaftlichen Phänomene, insbesondere die, die eine lange Geschichte aufweisen, in ihre unzähligen Elemente und Erscheinungsformen aufsplittern. Wie kann man denn in einem Wort von „Buddhismus“ sprechen, wenn diese ursprünglich atheistische Philosophie der Selbsthilfe sich mittlerweile in einigen ihrer Varianten zu einer Erlösungsreligion samt Himmel und Hölle gewandelt hat! Wie kann man denn in einem Wort von „Christentum“ sprechen, wenn dessen Spannweite von den Arianern und Armeniern über die griechisch-orthodoxe Kirche, die Katholiken und Protestanten bis hin zu Adventisten und Zeugen Jehovahs reicht! Gemessen an diesen beiden Beispielen ist der Shintō geradezu ein Ausbund von Homogenität. Soweit ersichtlich hat dennoch noch niemand gegen die Verwendung der Begriffe Buddhismus oder Christentum polemisiert.

Sodann ist eine gewisse Widersprüchlichkeit zu konstatieren, wenn dieselben Wissenschaftler, die den Begriff „Shintō“ für die ältere Zeit ablehnen, statt dessen – in Singular – von der „einheimischen Religion Japans“ schreiben und zudem die Konstanten betonen, die von damals bis in die Gegenwart zum heutigen Shintō reichen: Die Götter waren damals wie heute „weder allwissend noch allgegenwärtig und auch nicht allmächtig“; „große und kleine derartige ‚Schreine‘ [...] sind bis heute allenthalben in Japan anzutreffen“; die Symbole/Körper der Gottheiten in den Schreinen waren damals wie heute Steine, Spiegel o.ä.; „wichtigstes Gebot im Umgang mit der Gottheit war und blieb das der kultischen Reinheit, des Freiseins von Befleckung durch die Berührung mit Blut oder Tod“; die politische Komponente des Shintō war im Altertum schon stark und ist ebenfalls bis heute zu spüren[67], usw. Während der Amtszeit des US-Präsidenten George Bush war in den USA vorübergehend der „Enten-Test“ in Mode: „If it looks like a duck, walks like a duck and quacks like a duck, then, for all practical purposes, it is a duck“. Und wenn „die einheimische Religion Japans“ dieselben Besonderheiten aufweist wie der Shintō, dann ist sie der Shintō.

Mit all dem soll selbstverständlich nicht bestritten werden, daß der Shintō eine Entwicklung durchlaufen hat. Natürlich hat er das. Diese Entwicklung soll im Folgenden in ihren groben Umrissen nachgezeichnet werden.

Also zurück zu der Frage, wie alt der Shintō ist. Das Wort selbst ist relativ neu, es wurde erstmals im *Nihonshoki* (720) verwendet. Nach allgemeiner Auffassung wurde es geprägt, um die einheimischen religiösen Überzeugungen und Bräuche zu bezeichnen, nachdem im 6.Jahrhundert der Buddhismus nach Japan gekommen war. Die einheimische Religion hatte bis dahin keinen Namen gehabt, weil es andere Religionen, von denen sie hätte abgegrenzt werden müssen, in Japan nicht gab. Demgegenüber hat Naumann überzeugend nachgewiesen,[68] daß zumindest bei den ersten beiden Nennungen im *Nihonshoki* das Wort „Shintō“ in anderer Bedeutung verwendet wurde. Seit wann „Shintō“ in seiner heutigen Bedeutung gebraucht wird, mag dahingestellt bleiben; heute gebraucht man den Ausdruck. Desgleichen mag ungeklärt bleiben, welchen oder welche Namen man davor verwendete. Ob man das, was man heute Shintō nennt, nun als *jingi* oder als *kannagara no michi* bezeichnete, um nur zwei der bekanntesten Synonyme zu nennen, ist vielleicht nicht so wichtig.

Festzuhalten ist nur, daß im 5. Jh., als das (spätere) Kaisergeschlecht die vielen anderen Kleinststaaten unter seine Oberherrschaft brachte und den japanischen Staat begründete, die religiösen Praktiken einheitlich genug waren, um Charakteristika ableitbar zu machen (Göttervorstellung, Bedeutung von Verunreinigungen etc.). Sie waren auch einheitlich genug, daß sich später, vor dem Hintergrund des neu ins Land gekommenen Buddhismus, irgendwann das Bewußtsein einer eigenständigen Religion – eben des Shintō – herausbilden konnte. Andererseits waren sie aber noch nicht vereinheitlicht und gefestigt genug, um ein ganz einheitliches, in sich geschlossenes System zu bilden. Dazu war die staatliche Einheit noch zu jung und waren – eben deshalb – die regionalen und teils wohl auch ethnisch bedingten kulturellen und religiösen Unterschiede noch zu stark. Das wichtigste Beispiel dürften die uneinheitlichen Jenseitsvorstellungen sein.

In diese Periode politisch-gesellschaftlicher, und damit einhergehend kulturell-religiöser Konsolidierung platzte in der ersten Hälfte des 6. Jh. die Übernahme des Buddhismus. Alles, was dem Shintō (bzw. dessen Vorläufern) mangelte, eine hochentwickelte Philosophie, insbesondere Metaphysik und Ethik, war nun für jeden an religiös-philosophischen Fragen Interessierten zugänglich. Für philosophisch-spekulative Bedürfnisse, soweit vorhanden, gab es nun den Buddhismus, und dessen überwältigend hohe Überlegenheit auf diesem Gebiet schloß jede dogmatische Entwicklung des Shintō entweder von vornherein aus oder aber lenkte sie in buddhistische Bahnen.

b. Die Vermischung mit dem Buddhismus

Die Übernahme des Buddhismus erfolgte aus politischen Gründen und sie war mit politischen Machtkämpfen und Blutvergießen verbunden. Verglichen mit den diversen Religionskriegen in Europa verlief sie aber ausgesprochen friedlich. Und nachdem die anfänglichen Reibereien überwunden waren, etwa ab dem frühen 7. Jh., begannen die beiden Religionen eine Symbiose einzugehen, die bis zur gewaltsamen Trennung zu Beginn der Meiji-Zeit (1868–1912) andauerte.

Zunächst wurden in buddhistischen Tempeln kleine Shintō-Schreine, und in Schreinen kleine Tempel errichtet: Erstere als Schutzgottheiten für die Tempel, und letztere, weil auch die (Shintō-) Götter die „Drei Kleinodien" (Buddha, Gesetz und Priesterschaft, d.h. den Buddhismus) verehren und sich vom Rad der Wiedergeburten freimachen wollen. Diese zunächst äußerliche Vermengung führte dann im 9. Jh. zu der Lehre, daß die japanischen Götter Inkarnationen der ursprünglichen Buddhas und Bodhisattvas, daß Shintō-Götter und Buddhas also identisch seien (*honji-suijaku*). Diese Lehre wurde insbesondere von den beiden großen Sekten des esoterischen Buddhismus, der Tendai- und der Shingon-Sekte vertreten, die beide im frühen 9. Jh. in Japan eingeführt worden waren. Beide stellten eigene Systeme auf, im Falle der Tendai-Sekte den sog. Sannō-Shintō, im Falle der Shingon-Sekte den sog. Ryōbu-Shintō, in denen sie die grundsätzliche Identität der beiden Religionen lehrten und auch eine ganze Reihe von Gleichungen aufstellten, welcher Buddha oder Bodhisattva in Japan die Gestalt welcher Shintō-Gottheit angenommen habe.[69] So entsprach nach der Lehre des Ryōbu-Shintō die Sonnengöttin Amaterasu ōmikami dem Buddha Vairocana (japanisch Dainichi Nyorai). Später erlangte der Ryōbu-Shintō eine solch überragende Bedeutung, daß er, pars pro toto, allgemein die buddhistisch-shintoistischen Mischformen bezeichnet.

Nachdem Schreine und Tempel standortmäßig und dann auch lehrmäßig miteinander verquickt worden waren, wurde die Vermischung auch in allen anderen Bereichen immer enger: Als Symbole/Verkörperungen der Gottheit (*shintai*) wurden nicht selten Buddhastatuen verwendet, Shintō-Zeremonien wurden buddhisiert, buddhistische Kultgeräte und buddhistischer Tempelschmuck auch in Schreinen verwendet. Und ob es sich nun ursprünglich um einen Tempel handelte, auf dessen Gelände später ein Schrein, oder um einen Schrein, auf dessen Gelände später ein Tempel errichtet worden war, überall wurden die Spitzenpositionen von buddhistischen Priestern eingenommen. Nur einige wenige Schreine, deren prominentestes Beispiel Ise ist, haben sich von buddhistischen Einflüssen weitgehend freigehalten.

Die Symbiose von Buddhismus und Shintō war ursprünglich im Interesse beider Religionen. Durch Übernahme der farbenfroh-eindrucksvollen Zeremonien und Gerätschaften insbesondere des esoterischen Buddhismus konnten die Schreine ihre Popularität erhöhen, während der Buddhismus, der bis dahin fast ausschließlich auf den Hof und eine ganz dünne Oberschicht beschränkt gewesen war, durch sein Zusammengehen mit dem Shintō Zugang auch zu den breiten Schichten des Volkes fand.

Der Shintō ist also etwa ab der frühen Heian-Zeit (794–1185) nahezu vollständig buddhisiert worden, ein Zustand, der trotz aller Gegenbewegungen in der Lehre bis ins frühe 19. Jh., und organisatorisch bis zur Meiji-Restauration 1868 anhielt. Und diese Buddhisierung war nicht auf die Formen des Kultes und auf Personalfragen begrenzt: Dem Shintō ist eine ihm religiös-philosophisch hoch überlegene, aber gänzlich fremdartige Lehre aufgepfropft worden. Die Entwicklung des Shintō ist dadurch radikal umgebogen worden.

c. Der Yoshida-Shintō[70]

Der Shintō stand also ganz im Schatten des Buddhismus. Das mußte zu Reaktionen seitens des Shintō führen. Das erste wichtige Beispiel von vielen ist ab dem 13. Jh. der Ise- oder Watarai-Shintō, dessen Gründer und Repräsentanten die Watarai waren, die Familie erblicher Oberpriester des Äußeren Schreins von Ise. Ihr System entwickelte den überlieferten Synkretismus fort, indem es die Shintō-Mythen im Lichte buddhistischer Lehren und Konzepte neu interpretierte und zudem taoistische Elemente aufnahm. Das wohl wichtigste Ziel dieser Schule war, die Gleichrangigkeit des Äußeren Schreins mit dem Inneren Schrein von Ise nachzuweisen und gegenüber letzterem das Übergewicht zu erringen.

Der Ise-Shintō ist nicht zuletzt deswegen wichtig, weil er viele der nachfolgenden Schulen beeinflußte. Die bedeutendste dieser Schulen war der Yoshida-Shintō, der aber im Verhältnis zum Buddhismus einen entscheidenden Schritt über den Ise-Shintō hinausging und die buddhistische Lehre von den Inkarnationen der Buddhas in Japan schlicht umkehrte: Nicht die Shintō-Gottheiten sind Inkarnationen der Buddhas und Bodhisattvas, sondern die Buddhas und Bodhisattvas sind Inkarnationen der Shintō-Götter. Das war nicht sonderlich originell, es war aber wirksam. Denn dieser Kunstgriff erlaubte es, im überkommenen System zu bleiben und dessen Versatzteile nur umzustellen und partiell neu zu interpretieren. Die theoretische Stärke des ursprünglichen synkretistischen Systems blieb also erhalten. Und dann war diese Umkehr von Original und Kopie Ausdruck des Ehrgeizes der Yoshida, eines Ehrgeizes, der mit politischem Talent und Skrupellosigkeit gekoppelt war.

Gründer des Yoshida-Shintō (auch Yui'itsu-Shintō, einziger, alleiniger Shintō genannt) war Yoshida Kanetomo (1435–1511), Sproß eines alten Geschlechts von Shintō-Priestern, dessen Vorfahren sich bereits einen Namen als Gelehrte und Shintō-Theologen gemacht hatten. Die Lehre des Yoshida-Shintō hier vorstellen zu wollen, würde zu weit führen, und es würde auch vom zentralen Thema des Yoshida-Shintō ablenken: dem Machterwerb.

Kanetomo erklärte eine Kultstätte, die er in seinem Familienschrein, dem Yoshida-Schrein in Kyōto, angelegt hatte, für den ranghöchsten Schrein Japans und verkündete einen Orakelspruch der Sonnengöttin, in dem diese – und zwar schon mehr als sechs Jahrhunderte davor – u.a. mitgeteilt hatte, daß sechs Mal pro Monat „mehr als 3000 große Gottheiten zusammen mit ihrem Gefolge von 98.572 Göttern" die Kultstätte des Yoshida-Schreins besuchen, um an den Ritualen des Yui'itsu-Shintō teilzunehmen.[71]

Unter dem Einfluß des Ise-Shintō maß Yoshida Kanetomo den Ise-Schreinen, besonders dem Äußeren, höchste Bedeutung zu. Er versuchte also, die Gottheiten der Ise-Schreine – und das bedeutete konkret die Symbole, die Verkörperungen der Gottheit (*shintai*) – in seine Gewalt zu bekommen. Eine Gelegenheit bot sich, als ein Feuer den Äußeren Schrein zerstörte und Yoshida vom Kaiserhof nach Ise entsandt werden sollte, um zu untersuchen, ob die Gottheitssymbole unversehrt und sicher seien. Heftige Proteste der Priester von Ise konnten diesen Übergriff verhindern. Drei Jahre später aber behauptete Yoshida in einer

Eingabe an den Thron, daß die Gottheitsverkörperungen von Ise in sehr romantischer Manier – nachts in schwarzen Wolken, in deren Mitte ein geheimnisvolles Leuchten war – zu seinem Schrein geflogen gekommen seien.[72]

Der Machtzuwachs des Yoshida-Shintō hielt auch nach dem Tode Kanetomo's an. Die Familie Yoshida hatte erblich das Amt des Vize-Vorstehers des Amtes für Schreinwesen (*jingikan*) inne, der für die Durchführung des staatlichen Kultes und die Verwaltung des Shintō zuständigen Behörde in der kaiserlichen Zentralregierung. Diese Behörde war den kriegerischen Wirren in der zweiten Hälfte des 15. Jh. (*Ōnin no ran)* zum Opfer gefallen, in deren Verlauf auch Kyōto zerstört wurde. Ein Jahrhundert später, 1590, wurde das wichtigste Heiligtum des Amtes für Schreinwesen, die Acht-Götter-Halle (*hasshinden*), in großem Rahmen auf dem Gelände des Yoshida-Schreins, und etwa parallel dazu als kleiner Schrein auf dem Anwesen der Familie Shirakawa neu errichtet. (Die Hofadelsfamilie der Shirakawa waren die erblichen Vorsteher des Amtes für Schreinwesen. Rangmäßig waren sie den Yoshida zwar übergeordnet, doch stammten letztere von den Urabe ab, einer der ältesten Priestersippen, und dann waren auch hier die Vize-Vorsteher, weil mit den größeren praktischen Kompetenzen ausgestattet, die wahren Behördenchefs.) Bald darauf, im Jahre 1609 – inzwischen hatten die Tokugawa ihr Shogunat in Edo errichtet – erklärten die Yoshida ihren Schrein zum „Stellvertretenden *jingikan*" (*jingikan-dai*).

Mit der Inhaberschaft des real existierenden Amtes für Schreinwesen war die Befugnis verbunden, Priester zu ernennen und ihre Ränge festzulegen. Das war keine Monopolstellung, denn die Shirakawa ernannten weiterhin die Priester von einigen der wichtigsten Schreine, und auch mehrere andere Hofadelsfamilien sowie einige große Schreine hatten traditionell das Recht der Priesterernennung.[73] Dennoch waren die meisten Schreine unter den Einfluß der Familie Yoshida gekommen, war der Yoshida-Shintō in der Edo- Zeit (1600–1868) die stärkste Richtung des Shintō. Der Einfluß der Yoshida wurde dann auch vom Tokugawa-Shogunat rechtlich sanktioniert.[74]

Diese Aussagen bedürfen zweier Einschränkungen: An sehr vielen Schreinen gab es keine festen Priester, sondern das Priesteramt wurde abwechselnd, in ein- oder mehrjährigem Turnus, von Angehörigen der alteingesessenen Familien ausgeübt. Und wenn ein Schrein einen Priester hatte, so war dieses Amt spätestens in der Edo-Zeit, oft aber schon seit früheren Zeiten erblich. Das Priesterpatent der Yoshida war also nur eine zusätzliche Bedingung für die Amtsnachfolge.

Auch das reichte aber aus, um der Familie Yoshida einen dominierenden Einfluß auf den Shintō zu sichern, und das schloß die Lehre ein. In der Lehre aber durchlief der Yoshida-Shintō in der frühen Edo-Zeit „eine tiefgreifende Entwicklung, an deren Ende ein neuzeitlicher, neokonfuzianisch geprägter Shintō stand, der mit den ursprünglichen Konzeptionen eines Yoshida Kanetomo kaum noch Übereinstimmungen aufwies."[75]

d. Die Vermischung mit dem Konfuzianismus

Verbindungen des Shintō mit dem Konfuzianismus sind nicht neu; schon Yoshida Kanetomo hatte gelehrt, daß Shintō, Konfuzianismus und Buddhismus letztlich eins seien. In der frühen Edo-Zeit wurde das shinto-konfuzianische Verhältnis dann aber bedeutend enger, und es nahm vor allem deutlichere Konturen an. Auf der Ebene der theoretisch-theologischen Erörterung löste der shinto-konfuzianische Synkretismus den buddhistisch geprägten Shintō weitgehend ab, auch wenn auf der Ebene des Kultes und der lokalen Schreine die shinto-buddhistischen Mischformen bestehen blieben.[76]

Das Zusammengehen von Konfuzianismus und Shintō ist kein zufälliges Produkt der japanischen Geistesgeschichte; zwischen beiden besteht eine komplementäre Affinität. Der Konfuzianismus ist eigentlich eine politische Philosophie, deren Ziel die Errichtung einer ethischen Herrschaft und die Bewahrung der Ordnung im Staate ist. In seinem Mittelpunkt steht deshalb die Lehre von den fünf Beziehungen: Herrscher-Untertan, Vater-Sohn, (Ehe-)Mann-Frau, älterer Bruder-jüngerer Bruder, Freund-Freund. Wenn jedermann im Umgang mit seinen Mitmenschen sich jeweils rollenkonform verhält und auch die dazugehörigen Tugenden übt, dann herrscht Friede und Ordnung im Land und es bedarf keiner Gesetze und keiner Polizei.

Während im chinesischen Konfuzianismus im Konfliktfalle der Vater-Sohn-Beziehung das größte Gewicht beigemessen wurde, stand in dem Konfuzianismus, wie er in Japan rezipiert worden war, die Beziehung von Herrscher und Untertan im Mittelpunkt. Die Affinität zwischen der *Gemeinschafts*religion Shintō und der *politischen* Philosophie Konfuzianismus wurde also noch durch die zentrale Stellung verstärkt, die beide in ihrem jeweiligen System dem Tennō zuwiesen. Ein zusätzlicher Faktor war dann noch der Umstand, daß beide genau dort Stärken aufwiesen, wo der andere ein Defizit hatte. Den Festen und Feiern, dem Kult, kurz: den volkstümlichen und emotionalen Aspekten des Shintō gegenüber hatte der Konfuzianismus nichts Vergleichbares anzubieten, während umgekehrt der ausformulierten Ethik, der ganzen hochentwikkelten Philosophie des Konfuzianismus seitens des Shintō ein großer theoretischer Mangel entsprach. Diesen Mangel hatte man in der Zeit zuvor durch buddhistische Anleihen teilweise auszugleichen gesucht. Die Notwendigkeit, sich hierfür an den Buddhismus zu halten, entfiel, nachdem es dem Konfuzianismus in der frühen Edo-Zeit gelungen war, sich vom Zen-Buddhismus zu emanzipieren, in dessen Gefolge er nach Japan gekommen war. Es verwundert also nicht, daß sich damals gleich eine ganze Reihe von shinto-konfuzianischen Schulen[77] entwickelte.

e. Die Landeswissenschaften (*kokugaku*)

Wie in Deutschland das Latein, so war in Japan das Chinesische Wissenschaftssprache. Die Einflüsse beschränkten sich aber nicht auf die Sprache. Kriterium für Bildung war die Kenntnis der chinesischen historischen, philosophischen und literarischen Klassiker. Das ganze geistige Leben war chinesisch geprägt. Und wo kein chinesischer Einfluß vorherrschte, da gab es buddhistische, d.h. indische Einflüsse.[78] Gegen diese Dominanz ausländischer Bildung und ausländischer Geistesströmungen erhob sich zu Beginn des 18. Jh. eine Gegenbewegung, die eine Rückkehr zu den eigenen Quellen forderte.

Der bedeutendste Vertreter dieser Schule war Motoori Norinaga (1730–1801), dessen Hauptwerk die Entzifferung und Kommentierung des ältesten japanischen Geschichtswerks, des *Kojiki* (712) war. Das *Kojiki* war durch das acht Jahre später erschienene und als „offizielle Geschichte" deklarierte *Nihonshoki* überschattet worden. Das *Nihonshoki* hatte zudem den Vorteil, daß es chinesisch geschrieben war. Dadurch galt es als seriöser, und vor allem war es leichter zu lesen. Das *Kojiki* hingegen war auf Japanisch geschrieben, aber zu einer Zeit, in der sich die japanische Silbenschrift noch nicht herausgebildet hatte. Und hier lag das Problem, das Norinaga dann schließlich bewältigte.

Die Japaner hatten ihre Schrift von den Chinesen übernommen. Die haben aber eine Bedeutungsschrift, d.h. jedes Schriftzeichen ist ein Wort oder Wortteil. Das funktioniert in China, weil es im Chinesischen weder Deklination noch Konjugation gibt. Im Japanischen hingegen ändern sich die Verb- und Adjektiv-Endungen, was nur mittels phonetischer Schriftzeichen, also einer Lautschrift, wiedergegeben werden kann. Schon vor dem *Kojiki* hatte man in Japan zur Niederschrift von Gedichten begonnen, die chinesischen Zeichen – entgegen ihrem ursprünglichen Zweck – phonetisch zu gebrauchen, d.h. je ein chinesisches Schriftzeichen als eine japanische Silbe zu lesen.

Das konnte man bei Gedichten tun, weil diese erstens kurz waren, und weil zweitens alle Schriftzeichen phonetisch gebraucht wurden. Der Verfasser des *Kojiki* benutzte aber eine Mischschrift. Er schrieb Bedeutungsschriftzeichen und Lautschriftzeichen (für Verb- und Adjektiv-Endungen, die japanischen Entsprechungen von Präpositionen usw.) durcheinander. Bei jedem Schriftzeichen mußte sich der Leser also fragen, ob dieses nach seiner Bedeutung oder phonetisch als Silbe zu lesen sei. Wenn man dann noch bedenkt, daß zwischen der Niederschrift des *Kojiki* und seiner Entzifferung durch Norinaga gute 1000 Jahre lagen, in denen sich die japanische Sprache ja auch gewandelt hat, kann man sich eine Vorstellung von der Schwierigkeit des Unternehmens machen.

Motoori Norinaga und die anderen Gelehrten der Landeswissenschaften blieben aber nicht bei philologischer Grundlagenforschung stehen. Die Entzifferung und das Studium der japanischen klassischen Werke war Mittel zum Zweck. Ziel war die Erforschung der Zustände des japanischen Altertums, von der Literatur bis zur Religion bis zur Staatsorganisation. Das Ganze ging einher mit einer Ablehnung alles Fremden – insbesondere von Buddhismus und Konfuzianismus – und einer Idealisierung der ursprünglichen japanischen Zustände. Das Fehlen von Gesetzen und von Morallehren wurde beispielsweise als Beleg dafür angeführt, daß die Sitten der alten Japaner von Natur aus rein gewesen, daß die Japaner ursprünglich von sich aus dem „Weg der Götter", dem Shintō, gefolgt seien und deshalb keine äußerlichen Vorschriften gebraucht hätten. Dieser paradiesische Zustand habe sich erst geändert, nachdem die ausländischen Lehren aus China und Indien ins Land gekommen waren.

Damit stand das politisch-religiöse[79] Programm fest. Der Tennō war als legitimer Herrscher erneut ins Bewußtsein getreten. Seine Herrscherrechte waren unveräußerlich und mußten gewahrt werden. Das bedeutete noch keinen Gegensatz zum Shogunat, herrschte dieses doch im Namen und Auftrag des Kaisers. Seine Gebundenheit an diesen Auftrag aber wurde betont; und als es dann, bei der erzwungenen Landesöffnung durch Perry und dessen „schwarze Schiffe" 1853/54, seine Aufgabe offensichtlich nicht mehr erfüllen konnte, mußte es seinen Regierungsauftrag an den Kaiser zurückgeben.

Der Tennō herrschte aufgrund göttlichen Auftrags, und er herrschte in ununterbrochener Erbfolge. In allen anderen Ländern hatten Dynastiewechsel stattgefunden, nur in Japan konnte der Tennō seine Abstammung bis zu den Göttern zurückverfolgen. Die einzigartige Legitimität des japanischen Herrscherhauses und die Überlegenheit des japanischen Staates über alle anderen Länder galten damit als erwiesen.

Der Tennō herrschte im Altertum, indem er die Götter verehrte und den Kult durchführte (*saisei-itchi,* Einheit von Kult und Regierung). Das Volk war ursprünglich mit dem Herrscher eines Sinnes und folgte ebenfalls dem Weg der Götter. Dieser Shintō aber war mittlerweile durch fremde Lehren überwuchert und korrumpiert. Diese schädlichen, fremden Einflüsse galt es zu beseitigen, um den Shintō in seiner ursprünglichen, reinen Gestalt, wie sie sich in den Überlieferungen des *Kojiki* und der anderen Klassiker darstellte, wiederherzustellen.

Den ersten entscheidenden Durchbruch in dieser Richtung erzielte der bekannteste Nachfolger Motoori Norinaga's, Hirata Atsutane (1776–1843). Zu Beginn des 19. Jh. wurde Atsutane mit der Ausbildung der Priesterschaft des Shirakawa-Shintō betraut, und 1823 akzeptierte auch die Familie Yoshida seine Lehren und übertrug ihm die Ausbildung der Priester des Yoshida-Shintō.[80] Damit wurde der von den Theoretikern der Landeswissenschaften propagierte „Reine Shintō" nun auch in der Schrein-Praxis eingeführt, mit dem Nebeneffekt, daß die Lehren der beiden wichtigsten Shintō-Schulen vereinheitlicht wurden. Der zweite Schritt zur Wiederherstellung des Shintō in seiner (vermeintlich) ursprünglichen Gestalt, die Beseitigung der buddhistischen Einflüsse auf Priesterschaft, Bauten, Kultgeräte, Zeremoniell usw. der Schreine, folgte dann in der frühen Meiji-Zeit. Damit war der Weg geebnet, Kaisertum und Shintō als ideologische Grundlagen des neuen Staates zu etablieren.

Zum Schluss

Der große englische Japanologe W.G. Aston, einer der Gründungsväter der westlichen Japanologie, Übersetzer des *Nihonshoki*, Verfasser der ersten japanischen Literaturgeschichte in einer europäischen Sprache, führende westliche Autorität auf den Gebieten der japanischen Sprache, Geschichte, Mythologie, Religion u.v.a.m., schloß 1907 ein kleines Büchlein über den Shintō, die Kurzfassung einer früheren Arbeit, mit der denkwürdigen Prognose:

> „Shinto is doomed to extinction. Whatever the religious future of Japan may be, Shinto will assuredly have little place in it. Such meat for babes is quite inadequate as the spiritual food for a nation which in these latter days has reached a full and vigorous manhood."[81]

Eine Generation später, 1935, äußerte sich Emil Schiller, ehemaliger evangelischer Missionar in Japan, in einem Kapitel mit dem bezeichnenden Titel „Die Zukunft der Shintoreligion" erstaunlich ähnlich. Schiller erkennt an, daß der Shintō die Macht, die er „in der Geschichte Japans erwiesen hat," zum Teil auch heute noch besitzt. „Unter dem Zeichen des Shinto hat Japan [seine moderne Weltstellung] erreicht, und das Volk ist den Göttern dankbar dafür." Dann fährt er aber – sehr logisch – fort:

> „Je mehr Japan in der Weltgeschichte eine Rolle spielen wird, um so mehr wird es sich auch weltgeschichtlich orientieren und erkennen, daß in der Neuzeit eine national begrenzte Religion ein Unding ist. Wie die Wissenschaft weltweite Wahrheiten verkündet, wie die wahre Moral eine Welt- und Menschheitsmoral ist, so müssen auch die religiösen Wahrheiten weltweit sein und nicht solche, die nur für ein kleines Gebiet der Erde Gültigkeit haben können."[82]

Zur Information: Der Staats-Shintō hat seine typische Gestalt eines nationalen Kultes, der angeblich keine Religion ist, 1882 mit dem grundsätzlichen, aber eingeschränkten Verbot von Predigten und von religiösen Handlungen an Schreinen erhalten. 1890 erhielt er in der Form des Kaiserlichen Erlasses über die Erziehung (*kyōiku chokugo*)[83] seine Heilige Schrift, und 1900 wurde der Shintō auch institutionell von den anderen Religionen (incl. Sekten-Shintō) geschieden, als die Abteilung des Innenministeriums, die bis dahin für alle Religionen zuständig gewesen war, in eine Abteilung für Schreine und eine für Religionen aufgespalten wurde.

Beide Prognosen erfolgten also nach Abschluß der Entwicklungsphase des Staats-Shintō, nachdem dieser seine vorläufig endgültige Gestalt angenommen und seine Wirksamkeit als Staats-Ideologie voll entfaltet hatte. Aston mag man zugute halten, daß er bereits 1889, im Jahr der Verkündung der Meiji-Verfassung, Japan verlassen hatte und auf die Entfernung die neuesten Entwicklungen vielleicht nicht voll mitbekommen hat. Schiller dagegen hat die Funktion, die der Staats-Shintō für die Schaffung des modernen japanischen Staates erfüllt hat, erkannt und gewürdigt. Nach dem Motto, daß nicht sein kann, was nicht sein darf, weigerte er sich aber dennoch, dem Shintō eine Zukunft zuzugestehen.

Das ist nicht Schillers Problem, es ist unseres. Denn in seiner Argumentation nimmt er einen Teil der heutigen Diskussion um „asiatische Werte" vorweg. So wie damals Schiller von der modernen Weltstellung Japans auf die Unmöglichkeit einer Nationalreligion schloß, so wird heute aus der Tatsache der Globalisierung im Bereich der Informationen und der Wirtschaft auf die Notwendigkeit, ja Unabwendbarkeit globaler Werte geschlossen. Individualismus, Menschenrechte, Demokratie und Marktwirtschaft sind Selbstwerte, sie sind untrennbar, ohne sie gibt es keinen Fortschritt, keine Zivilisation, keine Kultur, und ihre Realisierung ist eine geschichtliche Notwendigkeit. In Schillers Worten:

> Die Errungenschaften der modernen Zivilisation bewirken „in Verbindung mit der Ausbreitung der Schulbildung eine stärkere Entwikkelung des Individualismus, eine Ausbreitung des selbständigen Denkens, und damit wird immer mehr Licht eindringen in die Nacht polytheistischen Aberglaubens."

Abgesehen von der „Nacht polytheistischen Aberglaubens" hätte dieser Satz auch heute geschrieben sein können.

Es mag uns aufgeklärte Weltbürger etwas bizarr anmuten, wenn Schiller fortfährt:

> Die wichtigste Macht „aber ist das Licht des Christentums, welches auch in Japan immer heller scheint und das Dunkel des Wahn- und Aberglaubens durchbricht. Auch in Japan ist ja die Menschenseele naturaliter christiana."[84]

Wir haben aber keinen Grund, uns zu mokieren. Denn in der unreflektierten Absolutsetzung des eigenen Standpunkts sind wir uns gleich geblieben. Auch für uns sind die Menschenrechte universal gültig, auch wenn jeder weiß, daß sie Produkte der abendländischen Geistesgeschichte bzw. der europäischen Religionskriege sind. Hier scheint mir das eigentliche Problem zu liegen: in der Existenz *westlicher, universaler* Werte. Diese Feststellung nimmt den Menschenrechten nichts von ihrer Universalität. Es sind Menschenrechte und nicht Amerikaner- oder Europäerrechte. Das heißt nun aber leider nicht, daß ihre Gültigkeit automatisch in jedem anderen Kulturkreis anerkannt würde oder werden müßte. Andere Religionen und Kulturen haben andere Wertesysteme hervorgebracht, einige universalistisch, andere partikularistisch, die nicht minder legitim sind als das abendländische. Über ihre Gültigkeit – universal wie im je eigenen Kulturkreis – wird man streiten können. Ohne Kenntnisnahme ihrer Existenz und ohne Anerkennung ihrer Legitimität aber wird eine rationale Auseinandersetzung nicht möglich sein. Dies gilt besonders für die partikularistischen Systeme wie das vom Shintō geprägte.

Die zweimalige verfrühte Todeserklärung des Shintō ist kein Grund, nun umgekehrt auf seine Unvergänglichkeit zu schließen. Dies empfiehlt sich umso weniger, als nichts so unmöglich ist, wie seine Stärke oder Schwäche zu quantifizieren: „Gläubige", die man zählen könnte, gibt es im Shintō nicht, und sein gesellschaftlicher Einfluß war schon immer arg diffus. Zu bedenken sollte geben, daß im Zuge der Verstädterung und der rapiden Abnahme der Zahl der Großfamilien immer weniger Haushalte einen shintoistischen Hausaltar (*kamidana*) besitzen, und die Priester darüber klagen, daß die Verbindung zu ihren Gemeindemitgliedern (*ujiko*) immer schwächer wird. All das könnte aber natürlich auch Folge des allgemeinen Wohlstands sein. In diesem Falle käme man zu einer ganz anderen Wertung. Kurz, eine Prognose stellen zu wollen, wäre zu gewagt. Statt einer Prognose sei daher nur betont: Solange der Shintō existiert – und z.Zt. gibt es keine Hinweise auf sein bevorstehendes Ableben –, solange wird er Wirkungen auf Gesellschaft und Kultur Japans, auf den Einzelnen wie auf die Gemeinschaft ausüben.

Die Attraktivität des Shintō für den Einzelnen liegt auf der Hand: Das Fehlen einer festen Glaubenslehre und von daher die Betonung der Zeremonien, der Appell an die Emotionen, beugt jedem möglichen Zweifel oder Widerspruch vor. Glaubenssätze sind rational oft widerlegbar; gegen Emotionen aber gibt es keine Argumente. Und das religiöse Gefühl, das Bedürfnis nach Kontakt mit dem Numinosen, nach Stütze und Trost durch eine den Menschen übersteigende Macht, dürfte angeboren, dürfte in der Natur des Menschen angelegt sein. All dies gilt umso mehr, als im Shintō der Einzelne je nach Bedürfnislage sich seinen Privatglauben zusammenbasteln, einem Gläubigenverein (*kō*) bzw. einer Shintō-Sekte beitreten, oder auch zusätzlich bei einer anderen Religion seine Zuflucht nehmen kann. Der Shintō erhebt ja keinen Monopolanspruch.

Die Kehrseite dieser Attraktivität des Shintō für den Einzelnen ist aber die Schwäche des Shintō in seiner öffentlichen Funktion. Die christliche Kirche kann, sei es als Staatsreligion oder als pressure group in einem pluralistischen Staat, Einfluß auf die weltliche Gewalt ausüben, weil sie ihren eigenen Standpunkt, ihre eigene Werteordnung hat. Man denke an das Papsttum im Mittelalter oder an die Denkschriften der EKD zu allen möglichen gesellschaftlichen und politischen Problemen. Nicht so der Shintō.[85] Der Shintō ist auf die äußeren Formen orientiert und stärkt diese Formen. Er stützt das Gemeinwesen. Wozu, liegt außerhalb seiner Kompetenz und seines Interesses. Dem Shintō ist daran gelegen, möglichst eng in den Staat integriert zu sein. Ziele verfolgt er damit nicht. Als Lieferant von Werten, als moralischer Kompaß der Nation kommt er nicht in Frage.

Wenn der japanische Staat wieder mit dem Shintō zusammengehen wollte, könnte er also weder wertemäßige Kursvorgaben noch Relativierung der Machtausübung erwarten. Es wäre eine Verstärkung des Rahmens durch den Rahmen. Ein autoritäres Regime wäre die natürliche Folge.

Dergleichen ist z.Zt. aber nicht zu erwarten. Solange das japanische Gemeinwesen sich in guter Verfassung befindet, besteht kein Bedürfnis nach verstärkter religiöser Absicherung. Der Satz „Not lehrt beten“ gilt auch in seiner Umkehrung. Man wird aber davon ausgehen können, daß der Shintō auch weiterhin der japanischen Gesellschaft und dem japanischen Staat als Grundlage einer Fühl- und Denkweise dienen wird, die von der Gruppe ausgeht und nicht vom Individuum. In diesem Sinne ist er einer der „asiatischen Werte“. Im Zuge der Globalisierung und dem damit verbundenen Zusammenrücken der Kulturen ist zu vermuten, daß diese Zusammenhänge ins öffentliche Bewußtsein rücken werden. Die Bedeutung des Shintō wird also – um doch noch eine Prognose zu wagen – mittelfristig eher zu- als abnehmen.

Anmerkungen

1 Allgemeiner Übung folgend, werden Shintō-Heiligtümer als „Schreine", buddhistische als „Tempel" bezeichnet. Die japanische Bezeichnung für Schrein ist normalerweise *jinja,* manchmal *miya.* Einige der bedeutendsten Schreine tragen die Bezeichnung *jingū,* z.B. Ise-jingū, oder *taisha,* z.B. Izumo-taisha.
Beim Ise-Schrein handelt es sich genauer gesprochen um zwei Schreinkomplexe, die etwa 4 km auseinanderliegen und insgesamt 125 Schreine umfassen. In dem Hauptschrein des einen, des Kōtai-jingū, auch Naikū, Innerer Schrein genannt, wird die Sonnengöttin verehrt, in dem des anderen, des Toyouke-daijingū, auch Gekū, Äußerer Schrein genannt, wird eine Nahrungsgöttin verehrt.

2 Dr. Pauly wies mich darauf hin, daß sich in den Mythen und auch in Schrein- und Volksüberlieferungen sehr wohl Beispiele für Eifersucht unter Göttern und von Göttern auf Menschen (meist von Göttinnen auf Frauen) finden. Das ist natürlich richtig, die Götter sind in jeder Beziehung sehr menschlich. Es ist jedoch kein Beispiel bekannt, daß eine Gottheit es einem Menschen übelgenommen hätte, daß dieser sich auch an eine andere Gottheit gewandt hat.

3 Die moderne Mobilität hat hier allerdings einiges geändert; s. S. 21.

4 Hier sind zwei Traditionen zusammengeflossen. Einerseits gab es Schreine für die Ahnengottheit (*ujigami*), in denen der Stammvater einer Sippe, bzw., bei einflußreichen Familien, die zum Stammvater der Sippe ernannte Gottheit verehrt wurde. Andererseits gab es die Gottheit des Geburtsortes (*ubusuna no kami*), also des Wohnorts. Da die Sippen aber meist am selben Ort wohnten, waren oder wurden die beiden Gottheiten oft identisch. Heute spricht man meist nur noch von *ujigami* im Sinne von Orts- oder Lokalgottheit.

5 Im Falle zumindest eines hochmodernen Stahlwerks in der Nähe von Nagoya werden die Hochöfen nach einer Stillegung mit kultisch reinem Feuer wieder angefahren, das am Atsuta-Schrein in Nagoya auf die vorgeschriebene Weise entzündet worden ist.

6 Trotz des Namens nur ausnahmsweise mit dem Bild eines Pferdes.

7 Laut mündlicher Auskunft des verstorbenen Professors für Shintō-Wissenschaft an der Kokugakuin Universität Ono Sokyō tut man dies, um seiner Freude über den Kontakt zur Gottheit Ausdruck zu geben. Es sei kein Versuch, die Gottheit aufzuwecken bzw. deren Aufmerksamkeit auf sich zu lenken. Wenn das der Zweck wäre, würde man zuerst in die Hände klatschen und sich dann erst verbeugen. Die Verfechter der Gegenmeinung weisen demgegenüber darauf hin, daß das heute übliche Zeremoniell erst in der Meiji-Zeit eingeführt worden ist, aus den heutigen Formen also keine Schlüsse gezogen werden können.

[8] Laut Auskunft des Dachverbands der Shintō-Schreine (*jinja-honchō,* wörtlich: Schrein-Hauptamt) sind es, Stand vom 31.12.1999, 79.146 Schreine und 21.572 Priester.

[9] Laut der genannten Auskunft des Dachverbands der Shintō-Schreine haben etwas mehr als die Hälfte aller Priester, nämlich 11.213, den Rang eines Oberpriesters (*gūji*). Da es grundsätzlich pro Schrein nur einen Oberpriester gibt, und da andererseits auch Ein-Mann-Schreine von einem Oberpriester versorgt werden, ist das auch die Zahl der Schreine mit eigenen Priestern. Von 79.146 Schreinen haben also 11.213 einen oder mehrere Priester.

[10] Zum Prozentsatz der nebenamtlichen Priester konnte der Dachverband der Shintō-Schreine keine Auskunft geben; es sei „ein beträchtlicher Anteil", wenngleich weniger als die Hälfte.

[11] Schiller 1935, 59.

[12] Ebd.

[13] Vgl. Hirose 1997, 25 f.

[14] Vor dem 2. Weltkrieg, als der völkische Charakter des Shintō betont wurde, wurde Ausländern allerdings – zumindest in der Theorie, wieweit auch in der Praxis, ist nicht festzustellen – auf recht originelle Weise die Möglichkeit abgesprochen, Mitglied einer Schreingemeinde zu sein. Man argumentierte, daß Schreine etwas typisch Japanisches seien, bei Ausländern aber oft der Wille fehle, japanischen Bräuchen zu folgen. – Adachi 1930, 94f.

[15] Daß die Gottheit ihren ständigen Aufenthaltsort im „Gottesleib" hat, scheint die offizielle Lesart der Priesterschaft zu sein. Daneben gibt es aber auch – und zwar auch von Priesterseite – die Meinung, daß die Gottheit zu Beginn einer Zeremonie herabgerufen und anschließend wieder nach oben verabschiedet wird. Als „Leiter" dient dabei einer der heiligen Bäume (*shinboku,* Abb. 16) neben dem Schrein.

[16] Das hat mit Glauben nichts zu tun; weiße Hochzeitskleider sind chic.
Keine Konkurrenz bietet hingegen der Buddhismus. Denn da dieser mit Tod und Jenseits assoziiert wird und für Begräbnisse zuständig ist, entscheiden sich nur sehr wenige Japaner für eine buddhistische Hochzeit.

[17] Die ersten beiden Schriftzeichen von Ōkuninushi können auch Daikoku gelesen werden.

[18] So Ueda Kenji, Professor für Shintō-Wissenschaft an der Kokugakuin Universität und zuletzt deren Präsident, unter Berufung auf Motoori Norinaga.

[19] Hirose 1997, 19 f.

[20] Eine detaillierte und sehr ausführlich kommentierte Darstellung der japanischen Mythologie gibt Naumann 1996.

[21] Übersetzt bei Florenz 1919.

[22] Dieses und alle folgenden Zitate bei Florenz; Anmerkungen wurden weggelassen.

[23] Die oben genannten Magatsubi no kami.

[24] In Japan ist traditionellerweise links die vornehmere Seite.

[25] Florenz 1919, 39 übersetzt den Namen als „das abschreckende Weib des Himmels".

26 Das *shimenawa* sieht man häufig auf dem Gelände von Schreinen und anderswo. Es dient der Abgrenzung des Sakralbereichs vom Profanen, oft auch schlicht zur Kennzeichnung des Sakralen.

27 Beim Hyūga-Takachiho steht auch der wichtigere Takachiho-Schrein, und diesem gegenüber befindet sich die Höhle der Amaterasu. – Den Hinweis auf diesen zweitgenannten Takachiho verdanke ich Dr. Pauly.

28 Im Falle eines Todesfalls in der Familie für 50 Tage; in dieser Zeit bleibt auch der shintoistische Hausaltar (*kamidana*) geschlossen.

29 Es gibt allerdings auch die Meinung, daß hier nicht nur gereinigt, sondern daß zusätzlich etwas Göttliches hinzugefügt, eine Art Segen gespendet wird.

30 Florenz 1925, 301.

31 Je nach Zeremonie und/oder Interpretation dient der *tamagushi* aber auch dazu, eine Verbindung zwischen Mensch und Gottheit herzustellen. Manchmal wechselt auch die Gottheit in den *tamagushi* über; der *tamagushi* wird dann zum Sitz der Gottheit.

32 Ähnlich auch Florenz 1925, 281, dem ich den Hinweis auf die Beziehung von Papier und Stoff verdanke.

33 Daß dies nicht die Interpretation der Shintō-Priester und -Wissenschaftler ist, versteht sich von selbst.

34 Arashi Yoshindo wies demgegenüber auf eine Episode in dem mittelalterlichen Kriegsepos *Heike-monogatari* hin, in der ein als Bogenschütze berühmter Ritter von den Feinden herausgefordert wird, einen hochgehaltenen Fächer zu treffen. Schütze wie Ziel befinden sich in schwankenden Booten auf dem Meer. Der Held, Nasu no Yoichi, schließt die Augen, ruft seine Ahngottheit an und trifft den Fächer genau in seinem Angelpunkt. – Wenn man aber bedenkt, daß der Shintō damals praktisch ganz buddhisiert war, ist fraglich, ob diese Erzählung auch heute noch repräsentativ ist.

35 Schiller 1935, 26.

36 Lokowandt 1978, 210 ff.

37 Nozaki 1961, 26.

38 Nozaki 1961, 18.

39 Lokowandt 1981, 2 ff.

40 Hierauf hat Peter Fischer in einer Rezension von zwei Werken des Autors hingewiesen: *Nachrichten der Gesellschaft für Natur- und Völkerkunde Ostasiens* Nr. 131/132, Hamburg 1982, S. 154.

41 Vgl. Lokowandt 1997a.

42 Vgl. Lokowandt 1989.

43 Zitiert bei Christian Graf von Krockow: *Warnung vor Preußen*, Berlin 1993, S.42.

44 Urteil des Oberlandesgerichts Nagoya im Streit um das *jichinsai* von Tsu, übersetzt bei Lokowandt 1981, 100 f. mit Quellenhinweisen.

45 *Nihonshoki*, Götterzeitalter, Variante; Übersetzung bei Florenz 1919, 189.

46 Übersetzung bei Herbert Zachert: Die japanische Verfassung, in: *Das Parlament* (Beilage) vom 30. September 1964, S. 23 f., zitiert bei Lokowandt 1981, 69.

47 Die sog. Shinto Directive, abgedruckt bei Lokowandt 1981, 64 ff.

48 Übersetzung der Verfassung hier wie im Folgenden bei Röhl 1963.

49 Ein Beispiel bei Lokowandt 1981, 63.

50 Gesetz über die Finanzen des Kaiserhauses (*Kōshitsu Keizaihō*) §7: „Gegenstände von traditionellem Wert [*yuisho aru mono*], die gemeinsam mit der Kaiserwürde zu vererben sind, werden vom Thronfolger gemeinsam mit der Kaiserwürde entgegengenommen."

51 Für eine detaillierte Darstellung s. Lokowandt 1978.

52 Welcher Schreingemeinde man angehörte, war ja eine Frage des Wohnsitzes und nicht des persönlichen Glaubens.

53 Das Konzept des *saisei-itchi* überdauerte die verschiedenen Entwicklungsphasen des Staats-Shintō; es wurde erst mit Ende des 2.Weltkriegs hinfällig.

54 Vgl. die angeblich auf Sugawara no Michizane (845–903) zurückgehende Formel *wakon-kansai* (japanische/r Geist/Seele und chinesische Fertigkeiten), aus der dann in den letzten Jahren der Edo-Zeit *wakon-yōsai* wurde, also japanischer Geist und westliche Fertigkeiten. Die Rezeption neuer Konzepte und Begriffe wird aber auch schon durch die Existenz der chinesischen Schriftzeichen erleichtert. Ein Deutscher, der noch nie „Demokratie" gehört hat, und der auch kein Griechisch versteht, wird mit diesem Wort nichts anzufangen wissen. Ein Japaner kann dagegen schon den Schriftzeichen entnehmen, daß es ein System ist, bei dem das Volk der Herr ist.

55 Im Prinzip waren hier alle Schreine gemeint, in Realität nur die Staatsschreine. Die Volksschreine bildeten eine Art Brücke zwischen den Staatsschreinen, die neben dem Kaiserkult einen der zwei Kernbereiche des Staats-Shintō darstellten, und dem Sekten-Shintō.

56 Vgl. Lokowandt 1981.

57 Abgedruckt ebd. S. 64 ff.

58 Der Yasukuni-Schrein ist keine Gedenkstätte des Unbekannten Soldaten; die in ihm verehrten mehr als 2.466.000 Gottheiten sind alle individuell namentlich erfaßt.

59 Die Gottheiten des Yasukuni und der *gokoku-jinja* sind zwar weitgehend identisch, doch hat jeder der Schreine seine eigenen, in Details voneinander abweichenden Kriterien, nach denen ein Toter unter seine Gottheiten aufgenommen wird. Nicht jeder in einem *gokoku-jinja* Verehrte wird auch im Yasukuni verehrt.

60 Übersetzung bei Lokowandt 1981, 173 ff.

61 Der Termin wurde nicht eingehalten.

62 Eine Zeremonie, die zu Beginn von Erd- und Bauarbeiten durchgeführt wird. Mit ihr wird den jeweiligen Erd- und Lokalgottheiten das Vorhaben mitgeteilt und um Sicherheit und Gelingen der Arbeiten gebetet.

63 Vorbild war der sog. Lemon-Test, den der amerikanische Supreme Court 1971 in seinem Urteil Lemon v. Kurtzman entwickelt hatte.

64 Die folgenden Ausführungen beruhen auf dem Manuskript einer Probevorlesung an einer deutschen Universität, das dann später in gekürzter Form auf Japanisch in einer Shintō-Zeitschrift veröffentlicht wurde (Lokowandt 1991). Dieser Aufsatz wurde 2000 in eine Sammlung wichtiger Aufsätze der Nachkriegszeit aufgenommen, die der Dachverband der Schreine (*jinja-honchō*) anläßlich seines 50jährigen Jubiläums herausgegeben hat.

[65] Diese Charakterisierung japanischer Gärten beruht leider nicht auf eigener Einsicht; ich habe aber vergessen, wo ich sie gelesen habe.

[66] Von „Gläubigen“ wird man ja nur in Ausnahmefällen sprechen können.

[67] Naumann 1988, XII f. Die davor angeführten Beispiele Naumann 1996, 10 f.

[68] Naumann 1970.

[69] Vgl. Florenz 1925, 365 ff.

[70] Ausführlichere Darstellungen bei Naumann 1994, 57 ff., Antoni 1998, 64 ff. und Teeuwen 1996, 177 ff.

[71] Teeuwen 1996, 184 f.

[72] Naumann 1994, 72.

[73] Antoni 1998, 68.

[74] Antoni 1998, 64 f.

[75] Antoni 1998, 70.

[76] Antoni 1998, 73.

[77] Beschreibungen dieser Schulen bei Antoni 1998 und de Bary 1964.

[78] Der Buddhismus ist etwa zu derselben Zeit nach Japan gekommen wie das Christentum nach Deutschland. Während das Christentum in Deutschland aber allgemein als „deutsche“ Religion gesehen wird, hat sich in Japan das Bewußtsein gehalten, daß der Buddhismus eine ursprünglich fremde, vom Ausland übernommene Religion ist. Vermutlich hängt das damit zusammen, daß in Japan der Shintō überlebt hat.

[79] Beide Aspekte waren untrennbar miteinander verbunden.

[80] Antoni 1998, 143 f.

[81] Aston 1907, 81.

[82] Schiller 1935, 92 und 93.

[83] Vgl. Lokowandt 1978, 237 ff.

[84] Schiller 1935, 94.

[85] Vgl. zum Folgenden Lokowandt 1999.

LITERATURVERZEICHNIS

Adachi, Osamu
Jinja seido kōyō, Chūgai-insatsu Kabushiki-kaisha Shuppanbu, Tōkyō 1930

Antes, Peter (Hg.)
Die Religionen der Gegenwart. Geschichte und Glauben, C.H. Beck, München 1996

Antoni, Klaus
Shintô und die Konzeption des japanischen Nationalwesens (Kokutai). *Der religiöse Traditionalismus in Neuzeit und Moderne Japans,* Brill, Leiden/Boston/Köln 1998

Aston, W.G.
Shinto: The Ancient Religion of Japan, Archibald Constable & Co Ltd, London 1907

Anzu Motohiko und Umeda Yoshihiko (Hg.)
Shintō jiten, Hori Shoten, Tōkyō 1968

de Bary, Wm. Theodore (Ed.):
Sources of Japanese Tradition, 2 vols., Columbia UP, New York/ London 1964

Dumoulin, Heinrich
Synkretismus, in: Hammitzsch, Horst (Hg.): *Japan-Handbuch,* 3. Aufl. Franz Steiner, Stuttgart 1990, Sp. 1460 ff.

Florenz, Karl
Die historischen Quellen der Shinto-Religion, Vandenhoeck & Ruprecht, Göttingen 1919

Ders.
Die Japaner, in: Bertholet, Alfred und Edvard Lehmann (Hg.): *Lehrbuch der Religionsgeschichte*, begründet von Chantepie de la Saussaye, Bd. 1, 4. Aufl. J.C.B. Mohr, Tübingen 1925

Hirose, Kazutoshi
Beruf: Shintō-Priester, OAG Taschenbuch Nr. 68, Tōkyō 1997

Lokowandt, Ernst
Die rechtliche Entwicklung des Staats-Shintô in der ersten Hälfte der Meiji-Zeit (1868–1890), Otto Harrassowitz, Wiesbaden 1978

Ders.
Undogmatisch und diesseitsbezogen: Religionen in Japan, in: *MERIAN: Japan*, Hamburg 1980

Ders.
Zum Verhältnis von Staat und Shintô im heutigen Japan. Eine Materialsammlung, Otto Harrassowitz, Wiesbaden 1981

Ders.
Das japanische Kaisertum – religiöse Fundierung und politische Realität, OAG aktuell Nr. 35, Tōkyō 1989

Ders.
Die Stellung des Tennō in der Staatsführung – Die rechtliche Regelung der Herrschaftsbefugnisse des Kaisers unter der Meiji-Verfassung, in: *Oriens Extremus* 33/1, Hamburg 1990

Ders.
Gendai Nihon no bunka ya shakai ni okeru shintōteki yōso, in: *Shintō Bunka* Nr. 3, Tōkyō 1991

Ders.
Staatsrecht und Religion in Japan, in: *Spirita – Zeitschrift für Religionswissenschaft* Heft 2/95, Marburg 1995

Ders.
The Imperial House Law of 1889 and its Meaning for the Position of the Tennō in the Meiji State, in: Neary, Ian (Ed.): *Leaders and Leadership in Japan*, Japan Library (Curzon Press), Richmond 1996

Ders.
Die Staatsbezogenheit der Shintô-Schreine: Traditionelles Charakteristikum oder Neuerung der Meiji-Zeit – oder beides?, in: Antoni, Klaus (Hg.): *Rituale und ihre Urheber – Invented Traditions in der japanischen Religionsgeschichte*, Lit, Hamburg 1997a

Ders.
Meiji kenpō – Doitsu sho-kenpō wo haikei ni shite, in: Fukuoka UNESCO Nr. 33, Fukuoka 1997b

Ders.
Nihon to Doitsu ni okeru „Shimin Shūkyō" no mondai, in: *Hikakuhō* Nr. 36, Tōkyō 1998

Miyaji Naokazu
Jingishi kōyō, 20. Druck Meiji Shoin, Tōkyō 1940

Naumann, Nelly
Einige Bemerkungen zum sogenannten Ur-Shintô, in: *Nachrichten*

der Gesellschaft für Natur- und Völkerkunde Ostasiens Nr. 107/108, Hamburg 1970

Dies.
Die einheimische Religion Japans, Teil 1 *Bis zum Ende der Heian-Zeit,* E.J.Brill, Leiden/New York/Kobenhavn/Köln 1988

Dies.
Die einheimische Religion Japans, Teil 2 *Synkretistische Lehren und religiöse Entwicklungen von der Kamakura- bis zum Beginn der Edo-Zeit,* E.J. Brill, Leiden/New York/Köln 1994

Dies.
Die Mythen des alten Japan, C.H. Beck, München 1996

Nozaki, Kiyoshi
Kitsune. Japan's Fox of Mystery, Romance & Humor, Hokuseido Press, Tōkyō 1961

Ono Sokyō
Zōho Shintō no kiso chishiki to kiso mondai, 6. Aufl. Jinja Shinpōsha, Tōkyō 1970

Röhl, Wilhelm
Die japanische Verfassung, Alfred Metzner, Frankfurt a.M./Berlin 1963

Schiller, Emil
Shinto die Volksreligion Japans, 2. Aufl. Ostasien-Mission, Berlin 1935

Teeuwen, Mark
Watarai Shintō. An intellectual history of the Outer Shrine in Ise, Research School CNWS, Leiden 1996

Tomura Masahiro, Noge Kazuki und Hijikata Yoshio
Kenshō kokka girei 1945–1990, Sakuhinsha, Tōkyō 1990

Ueda Kenji
Shintō shingaku, Jinja Shinpōsha, Tōkyō 1990

Abbildungen

Abb. 1 Umzug mit *mikoshi* in Tōkyō-Meguro.

Abb. 2 Der erste Schreinbesuch (*hatsu miyamōde*); nach der Zeremonie trinkt jeder ein Schälchen Sake (*naorai*).

Abb. 3 Kleiner Schrein auf dem Dach der Niederlassung Kawagoe (Präfektur Saitama) der Tokyo Electric Power Company, Inc.
Links ein *ō-nusa* für die kultische Reinigung.

Abb. 4 Hausaltar (*kamidana*) in einem Büro der Niederlassung Kawagoe der Tokyo Electric Power Company, Inc.

Abb. 5 *Ema:* „Bilderpferd“, hier aber mit Schlangen-Motiv. Das *ema* stammt aus dem Jahr 2001, einem Jahr der Schlange.

Abb. 6 Verkaufsstand für Prospekte, Amulette usw. des Hikawa-jinja in Kawagoe.

Abb. 7 Mit Wünschen versehene Holztäfelchen (*ema*).

Abb. 8 Kinderspielplatz auf dem Gelände eines Schreins in Kawagoe.

Abb. 9 Kurzes Gebet aus der Ferne bei einem Spaziergang.

Abb. 10 Gebet vor der Gebetshalle (*haiden*).

Abb. 11 *Torii* des Hikawa-Schreins in Kawagoe.

Abb. 12 *Torii* vor einem dem Inari geweihten Nebenschrein (*massha*) auf dem Gelände des Hakusan-jinja in Tōkyō-Bunkyōku.

Abb. 13 Ort für die kultische Reinigung (*temizu-ya*).

Abb. 14 Einfache kultische Reinigung (*harai*) vor einem Schreinbesuch.

Abb. 15 Schreinanlage mit, von links nach rechts, Gebetshalle (*haiden*), Halle für die Opfergaben (*heiden*) und Haupthalle (*honden*).

Abb. 16
Heiliger Baum (*shinboku*) neben der Gebetshalle des Hikawa-Schreins in Kawagoe.

Abb. 17 Opferkasten (*saisenbako*). Die gezackten Papierstreifen (*shide*) dienen zur Kennzeichnung des Sakralen; normalerweise findet man sie nicht an Opferkästen. Der Text an der Stirnseite belehrt über das Zeremoniell, also wie oft man in die Hände klatschen, und wann und wie oft man sich verbeugen soll.

Abb. 18 Schelle (*suzu*).

Abb. 19 Bühne für Sakraltänze, meist *kagura-den* genannt, auf dem Gelände des Hikawa-Schreins in Kawagoe.

Abb. 20 Zwei Nebenschreine (*massha*); rechts, auf dem Bild nicht mehr zu sehen, die Haupthalle (*honden*) des eigentlichen Schreins.

Abb. 21
Gebäude für Hochzeitsbankette etc. des Hikawa-Schreins in Kawagoe.
Ein Brautzug, angeführt von zwei Schrein-Jungfrauen (*miko*) und zwei Musikern, auf dem Weg zur Hochzeitszeremonie in der Gebetshalle (haiden).

Abb. 22 *Yama-inu* (Berghunde = Wölfe) vor und in einem Nebenschrein (*massha*) des Mitsumine-Schreins auf dem Gelände des Hikawa-Schreins in Kawagoe.

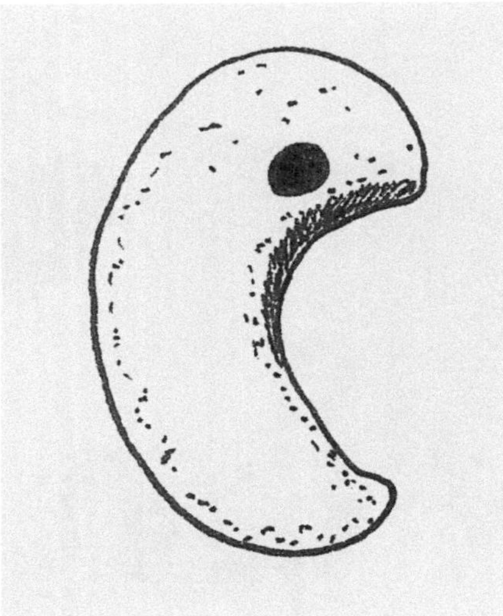

Abb. 23 Krummjuwel (*magatama*).

Abb. 24
Kultische Reinigung (*harai*) in einem kleinen Schrein ohne eigenen Priester in Saitama.

Abb. 25 Opferspeisen; 1. Reihe von links nach rechts: Wasser und Salz, Gemüse, Seetang (*konbu*), Obst; 2. Reihe: Fisch, geschälter Reis, ungeschälter Reis, Sake. Der Umschlag in der Mitte der 1. Reihe enthält das Geldopfer, die „Gebühr für den Opferzweig" (*tamagushi-ryō*).

Abb. 26 Opferzweig (*tamagushi*); der Stiel zeigt auf die Haupthalle (*honden*), den Sitz der Gottheit.

Abb. 27 Die 3 Schreine des Kaiserhofs (*kyūchū-sanden*); hinten in der Mitte das Allerheiligste, das *kashiko-dokoro,* in dem ein Duplikat des Spiegels von Ise, also die Sonnengöttin verehrt wird; links daneben das *kōrei-den,* die Halle der Kaiserlichen Seelen, in dem die kaiserlichen Ahnen verehrt werden; und rechts das *shinden,* die Götter-Halle, in dem die Acht Götter (*hasshin*) sowie die Himmlischen und die Irdischen Götter (*tenjin-chigi*) verehrt werden.
Das Gebäude im Vordergrund ist die *kagura*-Bühne.

Abbildungsnachweise

Abb. 1: Thomas Lokowandt, Tōkyō

Abb. 23: Zeichnung von Dr. Ulrich Pauly, Bonn

Abb. 27: Miyaji Naokazu und Saeki Ariyoshi (Hg.): *Shintō daijiten,* Neudruck Rinsen Shoten, Kyōto 1986, zwischen S. 432 und S. 433, mit freundlicher Genehmigung des Verlags

Alle übrigen Fotos: Sakura Satoru, Tokorozawa, Präfektur Saitama